I0118498

MANUEL

SYLLABIQUE ET ORTHOGRAPHIQUE

DE LA

LANGUE FRANÇAISE

A L'USAGE DES PERSONNES QUI NE SAVENT PAS LES LANGUES
ANCIENNES ET ÉTRANGÈRES

Renfermant un Recueil par Lettre alphabétique de tous les Mots les
plus usités de la Langue française, divisés par syllabes, avec une
courte et facile définition, leur genre, leur nombre, leur accentuation d'après le Dictionnaire de l'Académie.

SUIVI

1° DE TOUS LES VERBES IRRÉGULIERS
2° D'UN PRÉCIS DE LA GÉOGRAPHIE DE LA FRANCE
3° DES MESURES DU SYSTÈME DÉCIMAL

PAR E. LAPERCHE

PARIS

LIBRAIRIE CLASSIQUE DE Mme Vve MAIRE-NYON
13, QUAI CONTI

1863

X

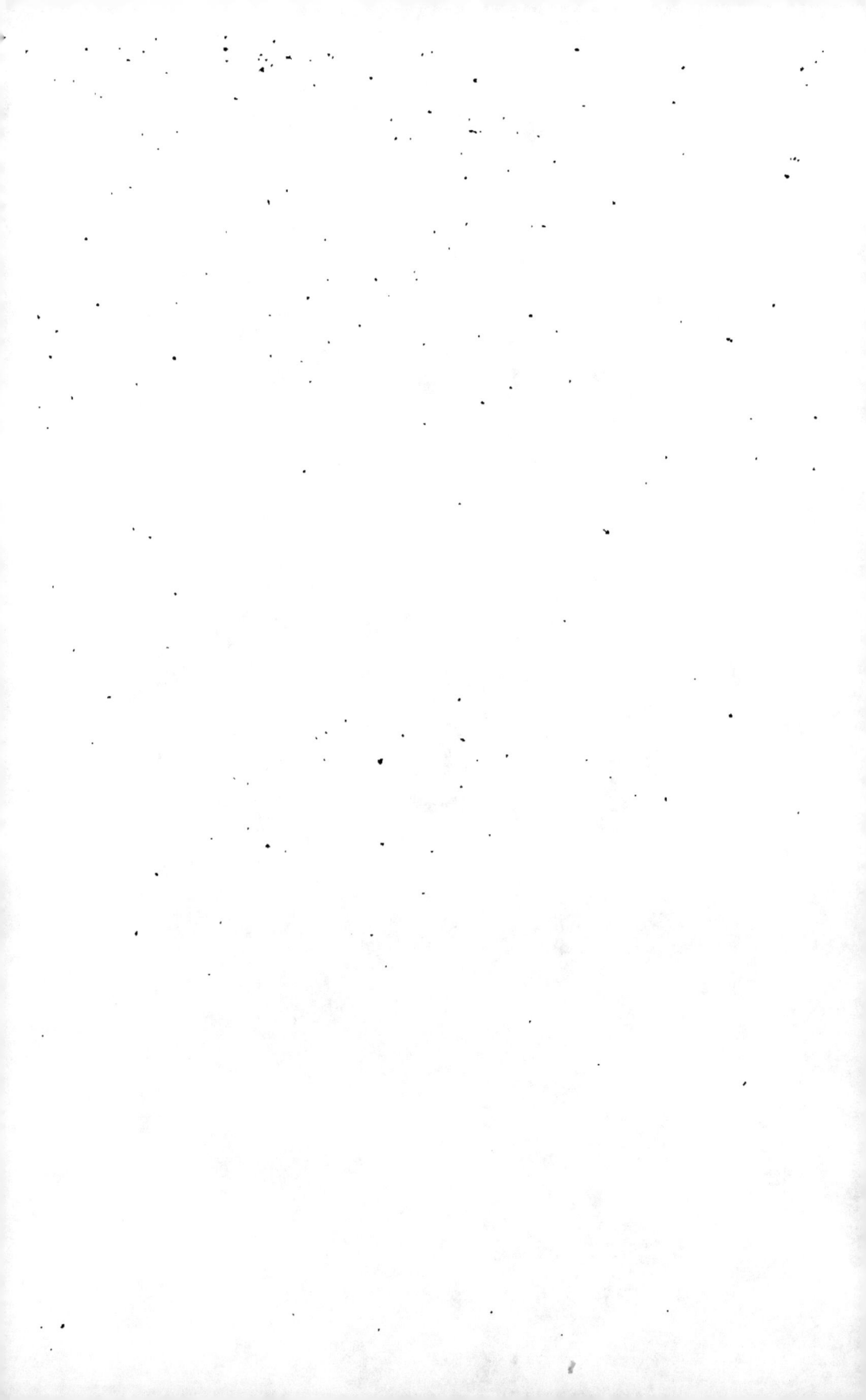

MANUEL

SYLLABIQUE ET ORTHOGRAPHIQUE

DE LA

LANGUE FRANÇAISE

A L'USAGE DES PERSONNES QUI NE SAVENT PAS LES LANGUES ANCIENNES ET ÉTRANGÈRES

Renfermant un Recueil par Lettre alphabétique de tous les Mots les plus usités de la Langue française, divisés par syllabes, avec une courte et facile définition, leur genre, leur nombre, leur accentuation d'après le Dictionnaire de l'Académie.

SUIVI

1° DE TOUS LES VERBES IRRÉGULIERS
2° D'UN PRÉCIS DE LA GÉOGRAPHIE DE LA FRANCE
3° DES MESURES DU SYSTÈME DÉCIMAL

PAR E. LAPERCHE

PARIS

LIBRAIRIE CLASSIQUE DE Mme Vve MAIRE-NYON

13, QUAI CONTI

—

1863

PRÉFACE.

Il est peut-être bien téméraire de faire paraître un livre nouveau pour enseigner l'orthographe, quand déjà tant d'ouvrages ont été écrits sur cette matière ; mais il faut convenir que bien peu ont atteint le but que leurs auteurs s'étaient proposé ; les uns par une trop grande érudition, les autres par une trop grande simplicité.

Parmi les personnes qui parlent et écrivent la langue française, il en est un très-grand nombre qui, n'ayant aucune connnaissance des langues mortes ou étrangères, trouvent fort étrange et d'une extrême difficulté l'orthographe étymologique des mots.

Nous avons pensé qu'il serait utile de réunir tous les mots dont l'orthographe n'est pas conforme à la prononciation, en les divisant par petites leçons qui peuvent être apprises par cœur. Ce qu'on enseigne péniblement aux enfants, en leur faisant faire pendant plusieurs années de longs exercices, pourra ainsi se classer facilement et promptement dans leur mémoire.

Notre méthode aura, nous le croyons, pour effet de donner un guide sûr à ceux qui ignorent l'étymologie des mots, et elle ne contrarie en rien l'enseignement qui est adopté dans les écoles.

Notre MANUEL est un excellent auxiliaire des livres en usage pour enseigner l'orthographe grammatical et permet d'exercer sans fatigue la mémoire des enfants.

DIVISION I

Contenant les mots d'une seule syllabe, avec une courte et facile définition des mots.

LEÇON I

Ah ! *int.* de joie, de douleur.

Ail, *s. m.* aulx, *pl.* sorte d'oignon.

Air, *s. m.* ce qu'on respire, chant.

Ais, *s. m.* planche.

An, *s. m.* espace de 12 mois.

Arc, *s. m.* cintre, arme.

Art, *s. m.* méthode, science.

As, *s. m.* le nombre 1 sur les cartes ou les dés.

Bac, *s. m.* bateau plat.

Bail, *s. m.* contrat de louage.

Baie, *s. f.* rade, golfe.

Bal, *s. m.* lieu où l'on danse.

Ban, *s. m.* publication, exil.

Banc, *s. m.* siège en bois, en pierre.

Bas, *a.* peu élevé, vil.

Bât, *s. m.* selle d'âne.

Beau, *a.* parfait, admirable.

Bis, *a.* de couleur brune.

Blanc, *a.* de couleur de neige.

Blé, *s. m.* grain dont on fait le pain.

Bœuf, *s. m.* animal ruminant.

LEÇON II

Bon, *a.* qui a de la bonté.

Bond, *s. m.* un saut.

Bord, *s. m.* rive, rivage.

Bourg, *s. m.* gros village.

Brut, *a.* raboteux, âpre.

Bruit, *s. m.* éclat, querelle.

But, *s. m.* terme, dessein.

Camp, *s. m.* séjour d'une armée.

Cap, *s. m.* pointe avancée dans la mer.

Cens, *s. m.* redevance en argent.

Cep, *s. m.* le bois de la vigne.

Cerf, *s. m.* quadrupède.

Chair, *s. f.* viande.

Champ, *s. m.* terre labourée.

Chant, *s. m.* sons modulés.

Chaud, *a.* brûlant, ardent.

Chaux, *s. f.* pierre calcaire.

Cher, *a.* aimé, coûteux.

Chef, *s. m.* celui qui commande.

Chœur, *s. m.* ensemble de voix, partie d'une église.

LEÇON III

Choir, *v. n.* tomber.

Choix, *s. m.* préférence.

Clair, *a.* lumineux, poli, limpide.

Clos, *s. m.* champ entouré.

Cœur, *s. m.* centre de la vie, valeur.

Cor, *s. m.* instrument de musique, dureté.

1

Corps, *s. m.* l'ensemble d'une chose.

Coup, *s. m.* meurtrissure.

Cours, *s. m.* flux, course.

Coût, *s. m.* frais de justice.

Creux, *a.* profond, enfoncé.

Cri, *s. m.* bruit, clameur.

Croix, *s. f.* instrument de supplice, décoration.

Cru, *a.* qui n'est pas cuit.

Cru, *p. p.* pensé, présumé.

Cuir, *s. m.* peau des animaux.

Czar, *s. m.* l'empereur de Russie.

Daim, *s. m.* espèce de cerf.

LEÇON IV

Dard, *s. m.* pointe, javelot.

Deuil, *s. m.* affliction, douleur.

Dieu, *s. m.* l'Être suprême.

Doigt, *s. m.* partie mobile de la main.

Don, *s. m.* présent, aptitude.

Dos, *s. m.* la partie extérieure.

Doux, *a.* agréable, paisible.

Droit, *s. m.* science des lois.

Droit, *a.* non courbé, juste.

Dru, *a.* épais, fort.

Dur, *a.* solide, résistant.

Eau, *s. f.* liquide transparent.

Faim, *s. f.* besoin de manger.

Fait, *s. m.* action, chose faite.

Faix, *s. m.* charge, fardeau.

Fat, *a.* insolent, maniéré.

Faux, *s. f.* instrument pour faucher.

Faux, *a.* erroné, qui n'est pas vrai.

Fer, *s. m.* métal.

LEÇON V

Feu, *s. m.* ce qui brûle, ardeur.

Fi! *int.* marque de mépris.

Fiel, *s. m.* haine.

Fier, *a.* hautain, arrogant.

Fils, *s. m.* enfant mâle.

Fin, *s. f.* but, extrémité.

Fin, *a.* délié, subtil.

Fisc, *s. m.* trésor de l'état.

Flair, *s. m.* l'odorat du chien.

Flan, *s. m.* pâtisserie.

Flanc, *s. m.* côté.

Flot, *s. m.* vague, foule.

Flux, *s. m.* mouvement de la mer.

Foi, *s. f.* croyance, fidélité.

Foin, *s. m.* herbes des prés.

Fond, *s. m.* l'endroit le plus bas.

Fonds, *s. m.* sol, terrain, argent.

Fonts, *s. m. pl.* vase pour baptiser.

Fort, *s. m.* lieu fortifié.

LEÇON VI

Fort, *a.* violent, grand, habile.

Fou, *a.* insensé, gai.

Four, *s. m.* lieu où l'on cuit le pain, la pâtisserie.

Frais, *s. m.* froid agréable.

Frais, *a.* un peu froid, nouveau.

Frais, *s. m. pl.* dépense.

Franc, *s. m.* pièce de monnaie.

Franc, *a.* libre, loyal, exempt.

Frein, *s. m.* mors.

Fret, *s. m.* louage d'un navire.

Front, *s. m.* la partie noble du visage.

Gai, *a.* réjoui, joyeux.

Gain, *s. m.* profit.

Gant, *s. m.* ce qui sert à couvrir les mains.

Gaz, *s. m.* fluide aériforme.

Geai, *s. m.* oiseau.

Gens, *s. pl. m.* avant l'adjectif, *fém.* après ; personnes.

Gent, *s. f.* espèce, race.

Gît (ci), ici repose.

Gland, *s. m.* fruit du chêne.

Glas, *s. m.* son funèbre de cloches.

LEÇON VII

Glu, *s. f.* matière visqueuse.

Gourd, *a.* engourdi.

Goût, *s. m.* saveur, penchant.

Grain, *s. m.* semence, poids.

Grand, *a.* vaste, illustre, sublime.

Gras, *a.* qui a de la graisse.

Gré, *s. m.* bonne volonté.

Grec, *s. m.* né en Grèce, fripon.

Grès, *s. m.* pierre, poterie.

Gris, *a.* ni blanc ni noir.

Grog, *s. m.* boisson.

Groin, *s. m.* museau de porc.

Gros, *a.* volumineux, épais.

Gros, *s. m.* poids.

Grue, *s. f.* oiseau, machine.

Gué, *s. m.* lieu où l'on passe à pied une rivière.

Guet, *s. m.* action d'épier.

Gueux, *s. m.* mendiant.

Gui, *s. m.* plante parasite.

* Ha ! *int.* de surprise.

LEÇON VIII

* Haie, *s. f.* clôture d'épines.

* Hart, *s. f.* branche torse pour lier.

* Haut, *s. m.* sommet.

* Haut, *a.* élevé, fier, illustre.

* Hé ! *int.* pour appeler.

* Heurt, *s. m.* choc.

* Ho ! *int.* de surprise.

Hoir, *s. m.* héritier.

* Hom ! exclamation.

* Hors, *prép.* excepté.

* Houx, *s. m.* arbrisseau.

Huis, *s. m.* porte.

Huit, *a. num.* 2 fois 4.

If, *s. m.* arbre.

Jais, *s. m.* verre noir.

Jars, *s. m.* mâle de l'oie.

Jet, *s. m.* jaillissement.

Jeu, *s. m.* récréation.

Joint, *s. m.* point de jonction.

LEÇON IX

Jonc, *s. m.* plante.

Joug, *s. m.* sujétion, harnais pour les bœufs.

Jour, *s. m.* clarté du soleil.

Juif, *s. m.* qui suit la loi de Moïse.

Juin, *s. m.* le 6e mois.

Jus, *s. m.* suc exprimé.

Knout, *s. m.* bastonnade en Russie.

Là, *adv.* de lieu.

La, *s. m.* note de musique.

Lac, *s. m.* grand amas d'eau.

Lacs, *s. m. pl.* piége, cordons.

Lai, *s. m.* complainte.

Laid, *a,* vilain, déshonnête.

Laie, *s. f.* femelle du sanglier.

Lais, *s. m.* baliveau.

Lait, *s. m.* liqueur donnée par les mamelles.

Laps, *s. m.* espace de temps.

Lard, *s. m.* graisse de porc.

Las, *a.* fatigué.

Lé, *s. m,* largeur d'étoffe.

Legs, *s. m.* don.

Lent, *a.* tardif, long.

LEÇON X

Lest, *s. m.* poids au fond d'un navire.

Liard, *s. m.* monnaie de cuivre.

Lie, *s. f.* dépôt d'une liqueur.

Lieu, *s. m.* endroit, place.

Lin, *s. m.* plante textile.

Lis, *s. m.* plante, sa fleur.

Lit, *s. m.* meuble pour se coucher, canal d'un fleuve, chose étendue par couche.

Loi, *s. f.* règle, autorité.

Loin, *adv.* à grande distance.

Long, *a.* qui a de la longueur.

Lot, *s. m.* sort, gain.

Lourd, *a.* pesant, pénible, bête.

Lut, *s. m.* enduit pour boucher.

Luth, *s. m.* instrument de musique.

Lynx, *s. m.* animal.

Mai, *s. m.* le 5e mois.

Maie, *s. f.* pétrin.

Main, *s. f.* la paume avec les doigts.

Maint, *a.* plusieurs.

LEÇON XI

Mais, *conj.* d'observation.

Mal, *s. m.* maux, *pl.* peine, douleur.

Malt, *s. m.* orge pour la bière.

Marc, *s. m.* reste de fruits pressés.

Mars, *s. m.* le 3e mois de l'année.

Mat, *a.* sans éclat, lourd.

Mât, *s. m.* arbre qui porte les voiles.

Mer, *s. f.* grande étendue d'eau salée.

Mets, *s. m.* ce qu'on sert pour manger.

Miel, *s. m.* suc des abeilles.

Mieux, *adv.* pour plus bien.

Mil, *a. n.* (pour les dates), mille.

Mœurs, *s. m. pl.* coutumes.

Moi, *pron.* de la 1re personne.

Moins, *adv.* pas tant.

Mois, *s. m.* 12e partie de l'année.

Mont, *s. m.* montagne.

Mors, *s. m.* partie d'une bride, frein.

Mort, *s. f.* fin de la vie.

Mort, *a.* sans vie.

Mot, *s. m.* parole, sens.

Mou, *a.* tendre.

LEÇON XII

Moût, s. m. vin doux.

Muid, s. m. mesure de capacité.

Mur, s. m. clôture de pierres.

Mûr, a. bon à cueillir, usé, vieux.

Musc, s. m. quadrupède, parfum.

Nain, a. de très-petite taille.

Ne, adv. négation.

Né, p. p. de naître.

Nef, s. f. partie d'une église.

Nerf, s. m. tendons des muscles.

Net, a. propre, clair.

Neuf, a. frais, nouveau.

Nez, s. m. organe de l'odorat.

Ni, adv. négation.

Nid, s. m. logement des oiseaux.

Nœud, s. m. enlacement.

Noir, a. opposé du blanc, triste.

Noix, s. f. fruit.

Nom, s. m, désignation.

Non, adv. négation.

LEÇON XIII

Nord, s. m. septentrion.

Nu, a. qui n'est pas couvert.

Nuit, s. f. le temps d'obscurité.

Nul, a. pas un, sans valeur.

Œil, s. m. yeux, pl. organe de la vue, bourgeon.

Œuf, s. m. ce que pondent les oiseaux.

Oh ! int. de surprise.

On, pronom indéfini.

Or, s. m. métal précieux.

Os, s. m. partie dure des corps.

Où, adv. en quel lieu.

Oui, affirmation.

Ours, s. m. quadrupède.

Pain, s. m. aliment.

Paix, s. f. tranquillité.

Pal, s. m. pieu aiguisé.

Pan, s. m. chose détachée.

Paon, s. m. (prononcez Pan), oiseau.

Part, s. f. portion.

Pays, s. m. contrée, patrie.

LEÇON XIV

Peau, s. f. enveloppe d'une bête, d'un fruit.

Peint, a. couvert de couleur.

Peu, adv. en petite quantité.

Peur, s. f. crainte, effroi.

Pic, s. m. instrument pointu, mont.

Pied, s. m. support du corps, tige.

Pin, s. m. arbre résineux.

Pis, s. m. tétine.

Pis, adv. pour plus mal.

Plaie, s. f. blessure, fléau.

Plain, a. uni, plat.

Plan, s. m. dessin, projet,

Plant, s. m. ce qu'on replante.

Plat, a. uni, insipide.

Plein, a. rempli.

Pleurs, s. m. pl. larmes.

Plomb, s. m. métal.

Plus, adv. davantage.

Poids, s. m. fardeau, ce qui sert à peser, importance.

Poil, s. m. duvet de la peau.

Poing, s. m. main fermée.

Pois, s. m. légume.

LEÇON XV

Poix, *s. f.* résine brûlée.
Porc, *s. m.* cochon.
Port, *s. m.* abri pour les vaisseaux, maintien.
Pot, *s. m.* vase.
Pouls, *s. m.* battement des artères.
Pré, *s. m.* prairie.
Prêt, *s. m.* ce qu'on prête.
Preux, *a.* vaillant.
Prix, *s. m.* valeur, récompense.
Proie, *s. f.* butin.

Prompt, *a.* soudain, vif.
Proue, *s. f.* avant d'un navire.
Puits, *s. m.* trou où il y a de l'eau.
Punch, *s. m.* liqueur brûlée.
Pur, *a.* sans mélange, chaste, correct.
Pus, *s. m.* sang corrompu.
Quai, *s. m.* chaussée.
Quand, *adv.* dans le temps que...
Quant, *adv.* pour ce qui est de...
Quart, *s. m.* la 4ᵉ partie.

LEÇON XVI

Que, *pronom relatif.*
Quoi, *pron. rel.* quelle chose.
Raie, *s. f.* trait, poisson.
Rang, *s. m.* ordre.
Rapt, *s. m.* action de ravir.
Ras, *a.* uni, à poils courts.
Rat, *s. m.* animal rongeur.
Ré, *s. m.* note de musique.
Rein, *s. m.* le bas du dos.
Rets, *s. m.* filet, piége.
Rien, *s. m.* nulle chose.

Rhum, *s. m.* liqueur.
Riz, *s. m.* plante alimentaire.
Roi, *s. m.* souverain.
Rond, *s. m.* cercle.
Rôt, *s. m.* viande rôtie.
Roux, *a.* entre jaune et rouge.
Sac, *s. m.* bourse, pillage.
Sain, *a.* salubre, judicieux.
Saint, *a.* pur, vénérable.
Sang, *s. m.* fluide rouge.
Sans, *prép.* manquant de...

LEÇON XVII

Sas, *s. m.* crible.
Sauf, *a.* non endommagé.
Saur, *a.* hareng salé et séché.
Saut, *s. m.* bond.
Sceau, *s. m.* grand cachet.
Scie, *s. f.* outil pour couper.
Seau, *s. m.* vase pour puiser.
Sec, *a.* sans humidité.
Sein, *s. m.* poitrine.
Seing, *s. m.* signature.
Sel, *s. m.* assaisonnement bien connu, finesse.

Sens, *s. m.* faculté de sentir, signification.
Serf, *s. m.* esclave.
Seuil, *s. m.* le pas d'une porte.
Seul, *a.* unique, isolé.
Sis, *a.* situé.
Sloop, *s. m.* petit navire.
Soc, *s. m.* fer de charrue.
Sœur, *s. f.* fille née du même père, de la même mère.
Soif, *s. m.* besoin de boire.
Soin, *s. m.* souci, assiduité.

LEÇON XVIII

Soir, s. m. chute du jour.

Sol, s. m. terrain, note de musique.

Son, s. m. ce qui frappe l'ouïe, peau du blé.

Sort, s. m. destinée.

Sot, a. sans esprit.

Sou, s. m. monnaie.

Soûl, a. rassasié, ivre.

Sourd, a. qui n'entend pas, non sonore.

Spleen, s. m. consomption.

Stock, s. m. marchandises en magasin.

Stras, s. m. imitation de diamant.

Strict. a. étroit, rigoureux.

Stuc, s. m. sorte de ciment.

Su, s. m. connaissance.

Suc, s. m. extrait.

Sud, s. m. midi.

Suif, s. m. graisse fondue.

Suint, s. m. humeur qui suinte.

Sur, a. acide, aigrelet.

Sûr, a. certain, solide.

Tact, s. m. sens du toucher, aptitude à juger.

Taie, s. f. pellicule sur l'œil.

LEÇON XIX

Tain, s. m. étain des glaces.

Tan, s. m. écorce pour tanner.

Tant, adv. de quantité.

Tard, adv. après le temps prescrit.

Tas, s. m. monceau en amas.

Taux, s. m. taxe, prix établi.

Teint, s. m. colori du visage.

Tel, a. pareil.

Temps, s. m. durée, époque.

Thé, s. m. arbrisseau, sa fleur.

Thon, s. m. poisson de mer.

Thym, s. m. plante aromatique.

Tic, s. m. mouvement nerveux, manie.

Tiers, s. m. la 3e partie.

Tir, s. m. lieu où l'on s'exerce avec les armes à feu.

Toit, s. m. couverture, abri.

Ton, s. m. manière, style.

Tors, a. tordu.

Tort, s. m. préjudice.

Tôt, adv. promptement.

Tour, s. m. machine, façon; f. bâtiment élevé.

Tout, a. chaque, entier.

LEÇON XX

Toux, s. f. action de tousser.

Train, s. m. allure, tapage, convoi militaire, de chemin de fer.

Trait, s. m. dard, ligne, action.

Très, adv. beaucoup, fort.

Troc, s. m. échange.

Tronc, s. m. tige d'arbre, boîte pour les pauvres.

Trop, adv. plus qu'il ne faut.

Trou, s. m. creux, ouverture.

Truc, s. m. machine, tour de main.

Turc, a. né en Turquie.

Un, *s. m.* chiffre, seul.

Us, *s. m. pl.* usage.

Ut, *s. m.* note de musique,

Vain, *a.* inutile, frivole, fier.

Val, *s. m.* espace entre deux monts.

Van, *s. m.* instrum. pour vanner.

Veau, *s. m.* petit de la vache.

Vent, *s. m.* air agité, souffle.

Ver, *s. m.* insecte rampant.

Vers, *s. m.* mots mesurés.

Vert, *a.* couleur.

Vieux, *a.* très-âgé, usé, ancien.

Vif, *a.* prompt, actif.

Vil, *a.* bas, de peu de valeur.

Vin, *s. m.* liqueur extraite du raisin,

Vis, *s. f.* pièce en spirale.

Vœu, *s. m.* promesse, souhait.

Voie, *s. f.* chemin, moyen.

LEÇON XXI

Voir, *v. a.* apercevoir, juger.

Voix, *s. f.* sons articulés, avis.

Vol, *s. m.* mouvement des oiseaux, rapine.

Vrai, *a.* véritable.

Vu, *part. passé* de voir.

Vue, *s. f.* act. de voir, intention.

Whist, *s. m.* jeux de cartes.

Wurst, *s. m.* caisson des chirurgiens d'ambulance.

Yacht, *s. m.* navire de plaisance.

Yack, *s. m.* buffle à queue de cheval.

Zinc, *s. m.* métal.

DIVISION II

Contenant les mots de deux syllabes.

LEÇON I

Ab-bé, *s. m.* supérieur d'une abbaye.

Ab-ject, *a.* bas, vil.

A-bord, *s. m.* accès, entrée.

Ab-sent, *a.* qui n'est pas présent.

Ac-cent, *s. m.* prononciation forcée, signe.

Ac-cès. *s. m.* facilité ou difficulté d'approcher.

Ac-cord, *s. m.* convention, harmonie.

A-chat, *s. m.* emplette.

Ac-quêt, *s. m.* gain, profit.

Ac-quis, *s. m.* talent, savoir.

Ac-quit, *s. m.* quittance.

A-cre, *s. m.* mesure de superficie.

Â-cre, *a.* piquant, corrosif.

Ac-te, *s. m.* action, partie d'une pièce de théâtre.

Ac-teur, *s. m.* qui joue un rôle.

Ad-joint, *s. m.* suppléant.

Af-freux, *a.* horrible, effroyable.

Â-ge, *s. m.* durée de la vie.

Â-gé, *a.* qui a un certain nombre d'années.

A-gent, *s. m.* mandataire, qui agit.

A-gir, *v. n.* faire quelque chose.

LEÇON II

A-gneau, s. m. petit d'une brebis.

A-grès, s. m. pl. voiles, cordages.

A-guets, s. m. pl. (être aux), épier.

Ai-de, s. m. secours, assistance.

Ai-gle, s. m. oiseau de proie.

Ai-gre, a. acide, piquant, rude.

Ai-grir, v. a. rendu aigre, irriter.

Ai-gu, a. perçant, clair, pointu.

Ai-mer, v. a. avoir de l'affection.

Ai-rain, s. m. métal composé.

Ai-re, s. f. place pour battre le blé.

Ai-se, s. m. contentement, commodité.

Ai-sé, a. facile, commode.

Al-gue, s. f. plante marine.

Al-ler, v. n. se mouvoir, se transporter.

A-mas, s. m. recueil, assemblage.

Am-bre, s. m. substance résineuse.

Â-me, s. f. partie immortelle de l'homme, vie.

A-men, s. m. ainsi soit-il.

A-mour, s. m. au pl. f. attachement.

An-cre, s. f. intrum. de marine.

Â-ne, s. m. bête de somme.

LEÇON III

An-ge, s. m. créature spirituelle.

An-nal, a. qui dure un an.

An-neau, s. m. cercle, bague.

An-se, s. f. petit golfe, poignée.

An-tre, s. m. caverne, grotte.

A-pi, s. m. petite pomme.

Ap-pas, s. m. pl. charmes, attraits.

Ap-pât, s. m. pâture pour attirer.

Ap-ports, s. m. pl. biens qu'une femme apporte en mariage.

Ap-pui, s. m. soutien, support.

Â-pre, a. difficile, piquant.

A-queux, a. qui sent l'eau.

Ar-che, s. f. vaisseau, voûte de pont.

Ar-cher, s. m. homme de guerre.

Ar-dent, a. vif, passionné, brûlant.

Ar-deur, s. f. grande activité.

Ar-du, a. difficile, escarpé.

A-re, s. m. mesure de superficie.

Ar-gent, s. m. métal blanc, espèces.

Ar-me, s. f. instrument d'attaque ou de défense.

LEÇON IV

Armée, s. f. troupe sous un général.

Ar-mer, v. a. équiper.

Ar-qué, a. courbé en arc.

Ar-rêt, s. m. jugement, saisie.

Ar-rhes, s. m. pl. gage donné.

As-pect, s. m. extérieur d'un objet.

1.

As-pic, s. m. serpent.

As-tie, s. m. corps céleste.

A-tlas, s. m. recueil de cartes géographiques.

Au-be, s. f. la pointe du jour.

Au-cun, a. pas un.

Au-tel, s. m. table pour les sacrifices offerts à la divinité.

Au-teur, s. m. celui qui crée.

A-veu, s. m. déclaration.

LEÇON V

A-vis, s. m. conseil, avertissement.

A-voir, v. a. posséder.

A-xe, s. m. ligne passant par le centre d'un corps.

Ba-bil, s. m. flux de paroles.

Ba-bord, s. m. côté gauche d'un navire.

Bâ-che, s. f. couverture en toile.

Ba-chot, s. m. petit bateau.

Ba-daud, s. m. niais.

Ba-gne, s. m. prison des forçats.

Ba-gue, s. f. anneau.

Bail-li, s. m. officier royal.

Bail-leur, s. m. qui donne à ferme.

Bais-ser, v. a. diminuer.

Bal-con, s. m. saillie, appui.

Bal-le, s. f. objet rond.

Bal-let, s. m. danse.

Bam-bou, s. m. sorte de roseau.

Ban-de, s. f. lien étroit, troupe.

Ban-dit, s. m. vagabond, vaurien.

Ban-nir, v. a. chasser, exiler.

Ban-que, s. f. trafic d'argent.

LEÇON VI

Ban-quet, s. m. grand repas.

Ba-quet, s. m. cuvier en bois.

Bâ-ril, s. m. petit tonneau.

Bâ-ron, s. m. titre de noblesse.

Bar-re, s. f. pièce de bois longue et mince.

Bar-reau, s. m. barre de fer ou de bois.

Bas-fond, s. m. terrain bas.

Bas-sin, s. m. réservoir, vase plat.

Bâ-tir, v. a. construire, élever.

Bâ-ton, s. m. morceau de bois rond.

Bat-tant, s. m. marteau d'une cloche.

Bau-det, s. m. petit âne.

Ba-ve, s. f. écume, salive.

Bé-ant, a. qui est ouvert.

Bé-douin, s. m. arabe du désert.

Bef-froi, s. m. tour, clocher.

Bè-gue, a. qui bégaie.

Bé-nin, a. doux, humain.

Bé-nir, v. a. consacrer, louer.

LEÇON VII

Ber-ceau, s. m. lit d'un petit enfant.

Ber-ge, s. f. rive, bord.

Ber-ger, s. m. qui garde les moutons.

Be-soin, s. m. manque.

Bé-ton, s. m. mélange de chaux et de pierres.

Beur-re, s. m. aliment tiré du lait.

Bi-ais, s. m. détour.

Bi-ble, s. f. l'ancien et le nouveau testament.

Bi-det, s. m. petit cheval.

Biè-re, s. f. boisson, cercueil.

Bi-gôt, s. m. hypocrite.

Bil-le, s. f. boule en pierre, etc., ivoire.

Bil-let, s. m. petite lettre, obligation.

Bil-lon, s. m. alliage de métaux.

Bil-lot, s. m. bloc de bois.

Bis-cuit, s. m. gâteau léger.

Bis-sac, s. m. sac double.

Blâ-mer, v. a. reprocher.

Bla-son, s. m. art héraldique.

Bois-seau, s. m. mesure de capacité.

Bois-son, s. f. tout ce qui se boit.

Boî-te, s. f. coffret.

Boi-ter, v. n. ne pas marcher droit.

Bom-be, s. f. boulet creux.

Bon-bon, s. m. sucreries.

LEÇON VIII

Bon-heur, s. m. prospérité.

Bor-gne, a. qui n'a qu'un œil.

Bor-ne, s. f. terme, fin.

Bouil-lon, s. m. bulle d'air, consommé.

Bou-quet, s. m. fleurs liées ensemble.

Bour-reau, s. m. l'exécuteur des hautes œuvres.

Bour-se, s. f. sac portatif.

Brai-se, s. f. charbon éteint.

Bre-vet, s. m. privilége.

Bri-sant, s. m. écueil en mer.

Bri-se, s. f. vent frais.

Bron-ze, s. m. métal composé.

Bru-me, s. f. brouillard.

Ca-bas, s. f. panier en jonc.

Câ-ble, s. m. grosse corde.

Ca-chet, s. m. sceau, empreinte.

Ca-chot, s. m. prison obscure.

Ca-deau, s. m. présent.

Ca-duc, a. vieux.

Ca-hier, s. m. feuilles de papier réunies.

Cail-ler, v. a. figer, coaguler.

Cais-se, s. f. coffre.

LEÇON IX

Cal-me, a. tranquille.

Ca-nal, s. m. rivière artificielle.

Can-deur, s. f. pureté, innocence.

Cap-tif, a. prisonnier.

Car-ré, a. qui a 4 côtés égaux.

Ca-se, s. f. hutte, cabane.

Cas-ser, v. a. briser, destituer.

Cau-ser, v. a. produire, n. parler.

Cé-der, v. a. abandonner.

Cer-cueil, s. m. coffre pour un mort.

Cha-grin, s. m. tristesse, peine.

Chai-re, s. f. tribune d'où l'on prêche.

Cha-os, s. m. confusion, désordre.

Char-ge, s. f. poids, dignité, emploi.

Char-me, s. m. arbre, pl. attraits.

Char-nier, s. m. cimetière.

Char-pie, s. f. linge effilé.

Char-rue, s. f. inst. de labour.

Cho-se, s. f. objet, sujet.

Chré-tien, s. m. qui adore N. S.
Jésus-Christ.

LEÇON X

Chu-te, s. f. action de tomber.

Cier-ge, s. m. bougie d'église.

Ci-me, s. f. sommet.

Cla-meur, s. f. cris, tumulte.

Clé-ment, a. doux.

Co-de, s. m. recueil de lois.

Cof-fre, s. m. boîte, caisse.

Com-bat, s. m. bataille.

Com-plet, a. tout, entier.

Com-plot, s. m. machination.

Comp-te, s. m. calcul.

Comp-tant, s. m. argent, espèces.

Com-te, s. m. titre de noblesse.

Con-fus, a. difficile à compren-
dre.

Con-gé, s. m. vacances.

Con-te, s. m. narration, fable.

Con-tent, a. aise, satisfait.

Con-trat, s. m. traité, engagement.

Co-quet, a. qui cherche à plaire.

Cô-te, s. f. terre qui borde la
mer, penchant d'une montagne.

Crain-tif, a. timide, retenu.

LEÇON XI

Cré-er, v. a. donner l'être.

Cri-me, s. m. forfait.

Croi-re, v. a. avoir foi, penser.

Cru-el, a. dur, pénible.

Cueil-lir, v. a, détacher de la
tige.

Cu-re, s. f. bénéfice, guérison.

Cu-ré, s. m. prêtre pourvu d'une
cure.

Da-gue, s. f. courte épée.

Dam-ner, v. a. condamner à
des peines éternelles.

Dan-ger, s. m. péril, risque.

Dan-se, s. f. pas mesurés.

Da-te, s. f. indication chrono-
logique.

Dat-te, s. f. fruit du palmier.

Dé-bat, s. m. contestation.

Dé-bris, s. m. décombres, rui-
nes.

Dé-but, s. m. commencement.

Dé-chet, s. m. perte, diminution.

Dé-clin, s. m. décroissance.

Dé-cret, s. m. décision, arrêté.

Dé-dain, s. m. mépris.

LEÇON XII

Dé-faut, s. m. vice, imperfec-
tion.

Dé-fi, s. m. provocation.

Dé-funt, a. qui est mort.

Dé-gat, s. m. dommage.

Dé-gel, s. m. fonte de la glace.

Dé-goût, s. m. répugnance.

Dé-lit, s. m. infraction aux lois.

Dé-pens, *s. m. pl.* frais.
Dé-pit, *s. m.* colère mêlée de mépris.
Dé-pôt, *s. m.* amas, chose confiée.
Dé-sert, *s. m.* lieu sauvage.
Dé-sert, *a.* inhabité, inculte.
Des-sein, *s. m.* résolution.
Des-sin, *s. m.* traits au crayon, à l'encre.

Des-sus, *s. m.* la partie supérieure.
Des-sus, *adv.* sur.
Des-tin, *s. m.* fatalité.
Dé-troit, *s. m.* passage étroit.
De-voir, *v. a.* être redevable.
De-voir, *s. m.* obligation.
Dé-vot, *s. m.* qui suit les exercices de la religion.
Dia-ble, *s. m.* le démon.

LEÇON XIII

Diè-te, *s. f.* abstinence, assemblée politique.
Dif-fus, *s. m.* prolixe.
Di-gue, *s. f.* barrière élevée contre les eaux.
Dis-cours, *s. m.* harangue.
Dis-cret, *a.* prudent, retenu.
Dis-pos, *a.* léger, agile.
Dis-tant, *a.* éloigné.
Dis-tinct, *a.* séparé, particulier.
Di-vers, *a.* différent.
Di-vin, *a.* qui provient de Dieu.

Doc-teur, *s. m.* degré dans une faculté.
Do-du, *a.* gras, potelé.
Do-ge, *s. m.* le Chef des républiques de Venise et de Gènes.
Dog-me, *s. m.* principe religieux.
Don-jon, *s. m.* tourelle.
Douil-let, *a.* doux et mollet.
Dou-te, *s. m.* incertitude.
Dra-peau, *s. m.* étendard.
Drô-le, *a.* plaisant.

LEÇON XIV

Drô-le, *s. m.* mauvais sujet.
Drui-de, *s. m.* prêtre gaulois.
Du-el, *s. m.* combat singulier.
Du-pe, *s. f.* qui se laisse tromper.
Du-per, *v. a.* tromper.
Dur-cir, *v. a.* rendre dur.
Du-rer, *v. a.* continuer d'être.
É-bats, *s. m. pl.* divertissement.
É-checs, *s. m. pl.* jeu.
É-cho, *s. m.* son répété.
É-choir, *v. n.* arriver par cas fortuit.

É-clair, *s. m.* éclat subit de lumière.
É-crit, *s. m.* ouvrage littéraire.
É-cu, *s. m.* bouclier, monnaie.
É-cueil, *s. m.* roche sous marine.
É-dit, *s. m.* loi, ordonnance.
É-gal, *a.* pareil.
É-gard, *s. m.* ménagement.
É-mail, *s. m.* verre préparé avec des couleurs.
Em-ploi, *s. m.* charge, office.
En-cens, *s. m.* parfum, louange.

LEÇON XV

En-clin, *a.* porté, incliné.

En-cre, *s. f.* liqueur pour écrire.

En-fant, *s. m.* fils ou fille.

En-flé, *a.* gonflé, bouffi.

En-nui, *s. m.* langueur d'esprit.

En-vie, *s. f.* jalousie.

É-pais, *a.* gros, dense, lourd.

Er-reur, *s. f.* fausse opinion.

Es-croc, *s. m.* voleur.

Es-poir, *s. m.* espérance.

Es-prit, *s. m.* raison, jugement, génie.

Es-sai, *s. m.* expérience.

É-tat, *s. m.* profession, condition, pays.

É-té, *s. m.* la saison la plus chaude.

Ê-tre, *v. aux.* exister.

É-troit, *a.* resserré, strict.

É-tui, *s. m.* gaîne.

Ex-act, *a.* régulier, ponctuel.

Ex-empt, *a.* dispensé.

Ex-il, *s. m.* bannissement.

Ex-pert, *a.* fort expérimenté.

Ex-ploit, *s. m.* prouesse, acte d'huissier.

LEÇON XVI

Ex-quis, *a.* très-bon.

Ex-trait, *s. m.* abrégé, chose tirée d'une autre.

Fa-ble, *s. f.* conte, mythologie.

Fa-ce, *s. f.* visage.

Fâ-cher, *v. a.* mécontenter.

Fa-çon, *s. f.* air, manière, mine.

Fa-de, *a.* sans saveur.

Fai-ble, *a.* débile, léger.

Fai-blir, *v. n.* perdre de sa force.

Fail-lir, *v. n.* tomber, manquer.

Fai-re, *v. a.* agir, opérer.

Fais-ceau, *s. m.* amas de choses liées ensemble.

Fal-loir, *v. n.* être forcé.

Fa-lot, *s. m.* lanterne.

Fa-meux, *a.* illustre, célèbre.

Fa-nal, *s. m.* phare.

Fa-né, *a.* flétri.

Fa-ner, *v. a.* faire sécher l'herbe.

Far-deau, *s. m.* poids, charge.

Fas-te, *s. m.* ostentation.

LEÇON XVII

Fa-tal, *a.* funeste.

Fau-cher, *v. a.* couper avec la faux.

Fau-teuil, *s. m.* siége à bras.

Fau-ve, *a.* roussâtre.

Fa-veur, *s. f.* grâce, bienfait.

Fé-cond, *a.* fertile, abondant.

Fein-dre, *v. a.* simuler.

Fein-te, *s. f.* dissimulation.

Fem-me, *s. f.* la compagne de l'homme.

Fen-dre, *v. a.* couper, diviser.

Fen-te, *s. f.* ouverture.

Fer-me, *s. f.* bien rural, bail.

Fer-me, *a.* constant, solide.

Fer-mer, *v. a.* clore.

Fer-mier, *s. m.* qui tient à ferme.

Fer-veur, *s. f.* zèle.

Fes-tin, *s. m.* repas de fête.

Fê-te, *s. f.* réjouissance.

Feu-tre, *s. m.* étoffe foulée.

LEÇON XVIII

Fi-let, s. m. piége.

Fil-le, s. f. enfant du sexe féminin.

Fi-nir, v. a. cesser, achever.

Fi-xe, a. immobile.

Flai-rer, v. a. sentir.

Flam-beau, s. m. torche.

Flam-ber, v. a. jeter de la flamme.

Flas-que, a. mou, sans vigueur.

Flè-che, s. f. trait qu'on lance avec un arc.

Flé-chir, v. a. ployer, attendrir.

Flé-trir, v. a. ternir, diffamer.

Flo-rin, s. m. monnaie.

Fo-lie, s. f. aliénation d'esprit.

Fon-der, v. a. créer, instituer.

Fon-deur, s. m. qui fond les métaux.

Fon-dre, v. a. rendre fluide, n. devenir fluide.

Fon-te, s. f. métal fondu.

For-ban, s. m. corsaire, pirate.

For-çat, s. m. galérien.

For-ce, s. f. vigueur, violence.

For-cer, v. a. contraindre, exagérer, briser.

LEÇON XIX

Fo-rer, v. a. percer un trou.

Fo-rêt, s. f. grands bois.

Fo-ret, s. m. instrument pour percer.

For-fait, s. m. crime, marché.

For-ge, s. f. fourneau.

For-ger, v. a. marteler un métal, inventer.

For-mat, s. m. la forme d'un livre.

For-me, s. f. figure, modèle.

For-mer, v. a. donner une forme, dresser.

For-tuit, a. arrivé par hasard.

Fou-dre, s. f. feu du ciel.

Fou-gue, s. f. impétuosité.

Fouil-ler, v. a. chercher, sonder.

Fou-lard, s. m. étoffe de soie.

Fou-le, s. f. multitude, presse.

Fou-ler, v. a. presser fortement.

Four-be, a. qui trompe.

Four-bir, v. a. rendre luisant.

Four-gon, s. m. sorte de voiture.

Four-nir, v. a. donner, prouver.

Four-reau, s. m. gaîne, étui.

LEÇON XX

Fra-cas, s. m. grand bruit.

Frai-se, s. f. fruit.

Fran-çais, s. m. né en France.

Fran-chir, v. a. sauter par-dessus.

Frap-per, v. a. donner un coup.

Frau-de, s. f. tromperie cachée.

Frê-le, a. délicat, fragile.

Fré-mir, v. n. trembler.

Fres-que, s. f. peinture murale.

Fri-and, a. qui aime les bons morceaux.

Fri-che, s. f. terre inculte.

Fri-mas, s. m. grésil, givre.

Frin-gant, *a.* vif, ardent.

Fri-pier, *s. m.* marchand en vieux.

Fri-pon, *s. m.* larron, voleur.

Frip-per, *v. a.* chiffonner.

Fri-re, *v. a.* cuire dans la poêle.

Fri-ser, *v. a.* crêper, boucler.

Fris-son, *s. m.* tremblement.

Frô-ler, *v. a.* toucher légèrement.

LEÇON XXI

Fron-cer, *v. a.* rider, plisser.

Fron-de, *s. f.* instrument pour lancer des pierres.

Fron-der, *v. a.* blâmer.

Fron-ton, *s. m.* couronnement.

Fru-gal, *a.* sobre.

Fu-mée, *s. f.* vapeur.

Fu-reur, *s. f.* violence, colère.

Fu-rie, *s. f.* excès de fureur.

Fur-tif, *a.* en cachette.

Fu-sil, *s. m.* arme à feu.

Fu-té, *a.* fin, rusé.

Fu-tur, *a.* qui est à venir.

Ga-bier, *s. m.* matelot de quart.

Ga-bion, *s. m.* panier plein de terre.

Gâ-che, *s. f.* pièce de fer où entre le pêne.

Gâ-cher, *v. a.* délayer, gâter.

Gâ-cheux, *a.* fangeux.

Gâ-chis, *s. m.* boue, fange.

Gaf-fe, *s. f.* perche armée d'un croc.

Ga-ge, *s. m.* dépôt, preuve, salaire.

Ga-ger, *v. a.* donner un salaire, parier.

Ga-gner, *v. a.* acquérir.

LEÇON XXII

Gaie-ment, *adv.* avec gaieté.

Gaî-ne, *s. f.* étui.

Gaie-té, *s. f.* joie.

Ga-la, *s. m.* fête, festin.

Ga-lant, *a.* aimable.

Ga-let, *s. m.* caillou.

Ga-lon, *s. m.* sorte de ruban.

Ga-lop, *s. m.* l'allure la plus vive du cheval.

Ga-min, *s. m.* polisson.

Ga-rant, *s. m.* caution.

Gar-çon, *s. m.* enfant mâle.

Gar-de, *s. m.* sentinelle.

Gar-de, *s. f.* faction.

Gar-der, *v. a.* conserver, veiller.

Ga-re, *s. f.* abri.

Gar-nir, *v. a.* entourer, orner.

Gas-con, *s. m.* né en Gascogne, hâbleur.

Gâ-teau, *s. m.* pâtisserie.

Gâ-ter, *v. a.* abîmer, corrompre.

Gau-le, *s. f.* longue perche.

LEÇON XXIII

Gau-les, *s. f. pl.* ancien nom de la France.

Ga-ve, *s. m.* courant d'eau.

Ga-ze, *s. f.* étoffe très-claire.

Ga-zer, *v. a.* voiler, adoucir.

Ga-zeux, *a.* de la nature du gaz.

Ga-zon, *s. m.* pelouse.

Gé-ant, *s. m.* de très-grande stature.

Ge-ler, *v. n.* faire froid à glace.

Gé-mir, *v. n.* crier, se plaindre.

Gem-me, *s. f.* pierre précieuse.

Gê-ne, *s. f.* situation pénible.

Gê-ner, *v. a.* contraindre.

Ge-nêt, *s. m.* arbrisseau.

Gé-nie, *s. m.* esprit, talent.

Gen-til, *a.* mignon, gracieux, joli.

Gen-til, *s. m.* païen, idolâtre.

Ger-be, *s. f.* faisceau de blés sciés.

Ger-cer, *v. a.* faire des gerçures.

Gé-rer, *v. a.* administrer.

Ger-me, *s. m.* embryon de graine.

Ger-mer, *v. n.* pousser, croître.

LEÇON XXIV

Ges-te, *s. m.* action du corps.

Gi-bet, *s. m.* potence.

Gi-got, *s. m.* cuisse de mouton.

Gi-let, *s. m.* vêtement.

Gi-sant, *a.* étendu, couché.

Gî-te, *s. m.* lieu où l'on couche.

Gi-vre, *s. m.* gelée blanche.

Gla-ce, *s. f.* eau gelée, miroir.

Gla-cé, *a.* luisant, lustré.

Gla-ciers, *s. m. pl.* montagnes de glace.

Gla-cis, *s. m.* talus.

Gla-çon, *s. m.* morceau de glace.

Glai-se, *s. f.* terre grasse.

Glai-ve, *s. m.* épée tranchante.

Glè-be, *s. f.* terre, fonds.

Glis-ser, *v. a.* insérer adroitement, *n.* couler sur un corps uni.

Glo-be, *s. m.* corps rond, la Terre.

Gloi-re, *s. f.* honneur, renommée.

Glo-se, *s. f.* commentaire.

LEÇON XXV

Glou-ton, *a.* qui mange avec avidité.

Glu-ant, *a.* visqueux.

Go-ber, *v. a.* avaler, croire.

Go-der, *v. n.* faire de faux plis.

Go-det, *s. m.* petit vase.

Goî-tre, *s. m.* tumeur à la gorge.

Gol-fe, *s. m.* mer avancée dans les terres.

Go-ret, *s. m.* petit porc.

Gor-ge, *s. f.* gosier, défilé, sein.

Gou-dron, *s. m.* sorte de poix.

Gou-let, *s. m.* entrée étroite d'un port.

Gou-lot, *s. m.* cou d'un vase.

Gour-mand, *a.* qui mange trop.

Goû-ter, *v. a.* essayer, approuver.

Grâ-ce, *s. f.* faveur, beauté, pardon.

Gra-din, *s. m.* banc.

Grai-ne, *s. f.* semence.

Gram-me, *s. m.* l'unité de poids.

Gran-deur, *s. f.* vaste étendue, sublimité, dignité, titre.

Gran-dir, *v. n.* croître.

Grap-pe, *s. f.* grains en bouquet.

LEÇON XXVI

Gra-tis, *adv.* sans frais.

Gra-tuit, *a.* fait gratis.

Gra-ver, *v. a.* tracer au burin.

Gra-vir, *v. a.* monter, grimper.

Gré-er, v. a. équiper un navire.
Grê-le, s. f. pluie gelée.
Grê-le, a. long et menu.
Gre-nat, s. m. pierre rouge.
Grè-ve, s. f. plage sablonneuse.
Gre-ver, v. a. surcharger.
Gri-ef, s. m. tort, plainte.
Grif-fe, s. f. ongle crochu.
Grim-per, v. a. monter des pieds et des mains.

Grin-cer, v. n. serrer les dents.
Grip-pe, s. f. haine, maladie.
Gri-ser, v. a. enivrer.
Gron-der, v. a. gourmander, résonner.
Gros-se, s. f. douze douzaines.
Gros-sir, v. a. rendre gros, n. devenir gros.
Grot-te, s. f. caverne.
Gru-au, s. m. avoine mondée.

LEÇON XXVII

Guê-pe, s. f. mouche.
Guè-re, adv. peu.
Gué-ret, s. m. terre labourée.
Guer-re, s. f. lutte, querelle.
Guet-ter, v. a. épier.
Gueu-le, s. f. la bouche d'un animal, ouverture.
Gueu-se, s. f. fer brut.
Gui-chet, s. m. petite porte.
Gui-der, v. a. conduire.
Gui-gne, s. f. cerise noire.

Gui-se, s. f. façon, manière.
Gyp-se, s. m. pierre à plâtre.
Ha-bit, s. m. vêtement.
* Hâ-bleur, s. m. menteur.
* Ha-che, s. f. outil tranchant.
* Ha-cher, v. a. couper menu.
* Ha-gard, a. égaré.
* Hai-ne, s. f. aversion, horreur.
* Hail-lons, s. m. pl. guenilles.
* Ha-ïr, v. a. avoir de la haine.

LEÇON XXVIII

* Hâ-le, s. m. air qui dessèche.
* Ha-ler, v. a. tirer un bateau.
* Hal-le, s. f. place de marché.
* Hal-te, s. f. repos, pause.
* Ha-mac, s. m. lit suspendu.
* Ha-meau, s. m. petit village.
* Ham-pe, s. f. bois d'une lance.
* Han-gar, s. m. remise, abri.
* Han-ter, v. a. fréquenter.
* Hap-per, v. a. saisir.
* Ha-quet, s. m. voiture.
* Ha-ras, s. m. lieu où on loge les étalons.

* Har-des, s. f. pl. ce qui sert à l'habillement.
* Har-di, a. brave, effronté.
* Ha-reng, s. m. poisson de mer.
* Har-gneux, a. querelleur.
* Har-pe, s. f. intr. de musique.
* Har-pon, s. m. croc pour pêcher.
* Ha-sard, s. m. sort, risque.
* Hâ-te, s. f. précipitation.
* Hâ-tif, a. précoce.
* Haus-ser, v. a. élever, enchérir.

LEÇON XXIX

* Hau-tain, a. fier, arrogant.

* Haut-bois, s. m. instrument de musique.

* Hau-teur, s. f. élévation.

* Haut mal, s. m. épilepsie.

* Hâ-ve, a. pâle. maigre.

* Ha-vre, s. m. port de mer.

* Hé-ler, v. a. appeler.

* Hen-nir, v. n. crier, se dit du cheval.

* Hê-tre, s. m. arbre.

Heu-reux, a. content, prospère.

* Hi-bou, s. m. oiseau de nuit.

* Hi-deux, a. horrible à voir.

Hi-ver, s. m. la saison la plus froide.

* Ho-cher, v. a. remuer la tête.

* Ho-chet, s. m. jouet d'enfant.

Hoi-rie, s. f. héritage.

* Ho-là! int. pour appeler.

Hom-me, s. m. animal raisonnable.

Hon-neur, s. m. estime, respect.

* Honnir, v. a. couvrir de honte.

* Hon-te, s. f. trouble, affront.

LEÇON XXX

* Hon-teux, a. troublé, bas, vil.

* Hor-de, s. f. peuplade errante.

* Hor-mis, prép. excepté.

Hor-reur, s. f. terreur, haine.

Hô-te, s. m. qui loge ou qui est logé.

Hô-tel, s. m. maison garnie.

* Houil-le, s. f. charbon de terre.

* Hous-se, s. f. couverture.

* Hu-che, s. f. coffre pour pétrir.

Hui-le, s. f. liqueur grasse.

Huî-tre, s. f. coquillage.

Hu-main, a. bon, doux.

Hum-ble, a. modeste, soumis.

Hu-meur, s. f. fluide, dépit, caprice.

Hu-mus, s. m. terreau.

* Hup-pe, s. f. touffe de plumes.

* Hu-re, s. f. tête de sanglier.

* Hut-te, s. f. cabane.

Hy-dre, s. f. serpent aquatique.

Hy-men, s. m. mariage.

LEÇON XXXI

Hym-ne, s. m. poésie, chant.

I-ci, adv. en ce lieu-ci.

I-dée, s. f. pensée, notion.

I-dem, s. le même.

I-diot, a. stupide, bête.

Î-le, s. f. terre entourée d'eau.

Îlot, s. m. petite île.

Im-bu, a. pénetré de.

Im-pair, a. qui n'est pas pair.

Im-pie, a. sans religion.

Im-pôt, s. m. contribution.

Im-pur, a. altéré, corrompu.

In-clus, a. enfermé.

In-dex, s. m. le 2e doigt.

In-fect, a. puant, gâté.

In-grat, a. sans reconnaissance.

In-stant, s. m. moment.

In-stinct, s. m. esprit des animaux.

In-tact, a. entier, complet.

LEÇON XXXII

In-tru, *a.* entré par ruse.

I-ris, *s. m.* arc-en-ciel, plante.

Is-su, *a.* né de.

Is-sue, *s. f.* sortie, succès, fin.

Is-thme, *s. m.* langue de terre entre deux mers.

I-vre, *a.* pris de vin.

Ja-bot, *s. m.* poche des oiseaux.

Ja-cent, *a.* abandonné.

Ja-dis. *adv.* autrefois.

Jail-lir, *v. n.* s'élancer.

Ja-lon, *s. m.* point de repère.

Ja-loux, *a.* envieux.

Jam-bon, *s. m.* cuisse de porc.

Jap-per, *v. n.* aboyer.

Jar-din, *s. m.* lieu planté pour la promenade.

Jar-gon, *s. m.* langage corrompu.

Jar-re, *s. f.* grande cruche.

Ja-ser, *v. n.* babiller.

Jas-pe, *s. m.* pierre précieuse

Jat-te, *s. f.* vase rond.

Jé-sus, *s. m.* le fils de Dieu.

LEÇON XXXIII

Je-tée, *s. f.* chaussée, digue.

Je-ter, *v. a.* lancer.

Jeu-ne, *a.* peu âgé.

Jeû-ne, *s. m.* abstinence.

Join-dre, *v. a.* unir, approcher.

Jo-li, *a.* beau, gentil.

Jon-cher, *v. a.* parsemer.

Jou-er, *v. n.* se divertir.

Jou-et, *s. m.* ce qui sert à amuser.

Jou-jou, *s. m.* jouet d'enfant.

Jour-nal, *s. m.* papier public.

Jou-te, *s. f.* lutte, débat.

Ju-bé, *s. m.* tribune.

Ju-cher, *v. n.* se percher.

Ju-das, *s. m.* traître.

Ju-ge, *s. m.* magistrat.

Ju-meau, *s. m.* né d'une même couche.

Ju-pe, *s. f.* vêtement de femme.

Ju-ré, *s. m.* membre d'un juri.

Ju-rer, *v. a.* affirmer par serment.

Ju-ri, *s. m.* assemblée pour juger.

Jus-te, *a.* équitable, étroit.

LEÇON XXXIV

Ju-teux, *a.* plein de jus.

Kys-te, *s. m.* tumeur.

La-beur, *s. m.* travail.

La-bour, *s. m.* façon donnée à la terre.

La-cet, *s. m.* filet, cordon ferré.

Lâ-che, *a.* paresseux, poltron, non tendu.

Lâ-cher, *v. a.* abandonner, détendre.

La-dre, *a.* avare.

Lai-ne, *s. f.* poil du mouton.

Lais-ser, *v. a.* quitter, céder.

Lai-ton, *s. m.* cuivre jaune.

Lam-beau, *s. m.* morceau déchiré.

Lam-bin, *a.* lent.

Lam-bris, *s. m.* revêtement.

La-me, *s. f.* fer d'un instrument tranchant, feuille.

Lam-pas, *s. m.* étoffe de soie.

Lan-ce, *s. f.* arme à fer pointu.

Lan-cer, *v. a.* jeter au loin.

Lan-de, *s. f.* terre inculte.

Lan-gue, *s. f.* partie mobile dans la bouche, langage.

LEÇON XXXV

Lan-gueur, *s. f.* abattement.

La-per, *v. n.* boire, se dit du chien.

La-pis, *s. m.* pierre précieuse.

La-que, *s. m.* vernis chinois.

La-que, *s. f.* résine.

Lar-cin, *s. m.* vol, plagiat.

Lar-ge, *a.* grand, spacieux.

Lar-ge, *s. m.* la pleine mer.

Lar-me, *s. f.* pleurs, goutte.

Lar-ron, *s. m.* voleur.

Las-ser, *v. a.* fatiguer, ennuyer.

La-tent, *a.* cacher.

La-ve, *s. f.* matière jetée d'un volcan.

La-ver, *v. a.* nettoyer avec de l'eau.

La-vis, *s. m.* dessin lavé.

Laz-zi, *s. m.* quolibet.

Le-çon, *s. f.* chose à apprendre, avis.

Lec-teur, *s. m.* qui lit.

Lé-gal, *a.* selon la loi.

Lé-gat, *s. m.* envoyé du pape.

LEÇON XXXVI

Lé-ger, *a.* qui pèse peu, volage.

Len-teur, *s. f.* manque de vivacité.

Lé-ser, *v. a.* faire tort.

Les-te, *a.* vif, trop libre.

Les-ter, *v. a.* charger de lest.

Let-tre, *s. f.* signe de l'alphabet, missive; *pl.* littérature.

Let-tré, *a.* érudit.

Leur-re, *s. m.* appât.

Le-vant, *s. m.* l'Orient.

Le-ver, *v. a.* hausser, dresser.

Lé-zard, *s. m.* petit animal.

Li-ais, *s. m.* pierre dure.

Li-bre, *a.* indépendant.

Li-ce, *s. f.* lieu pour les courses.

Lié-ge, *s. m.* arbre, son écorce.

Li-gneux, *a.* de la nature du bois.

Li-gue, *s. f.* alliance, coalition.

Li-me, *s. f.* outil pour polir.

Li-mon, *s. m.* vase, bourbe.

Lin-ge, *s. m.* toile pour le corps.

LEÇON XXXVII

Lin-got, *s. m.* or, argent en barre.

Li-on, *s. m.* animal carnassier.

Li-re, *v. a.* parcourir des yeux un écrit.

Lis-se, *a.* poli, uni.

Li-tre, *s. m.* mesure de capacité.

Li-vre, *s. m.* ouvrage, registre.

Li-vre, *s. f.* poids.

Li-vrer, *v. a.* abandonner.

Li-vret, *s. m.* petit livre.

Lo-ge, *s. f.* cabane.

Lo-ger, *v. n.* habiter, *a.* héberger.

Lo-gis, *s. m.* demeure.

Loin-tain, *a.* éloigné.

Loi-sir, *s. m.* repos, désœuvre-ment.

Lon-ge, *s. f.* lanière.

Lon-ger, *v. a.* aller le long de.

Lors-que, *conj.* quand.

Lou-che, *a.* qui a les yeux de travers, douteux, obscur.

Lou-er, *v. a.* donner, prendre à louage, flatter.

Lu-cre, *s. m.* gain, profit.

Lui-re, *v. n.* éclairer, briller.

Lu-ne, *s. f.* planète.

Lus-tre, *s. m.* éclat, espace de 5 ans.

Lu-trin, *s. m.* pupitre d'église.

LEÇON XXXVIII

Lut-te, *s. f.* combat.

Lu-xer, *v. a.* disloquer.

Ly-re, *s. f.* instrument de mu-sique.

Mâ-cher. *v. a.* broyer avec les dents.

Ma-dré, *a.* rusé.

Ma-ge, *s. m.* juge.

Ma-gie, *s. f.* sorcellerie.

Ma-got, *s. m.* argent caché.

Mai-gre, *a.* sec, décharné.

Mai-grir, *v. n.* devenir maigre.

Mail-le, *s. f.* anneau de tissu, de fer.

Mail-let, *s. m.* marteau de bois.

Main-tien, *s. m.* tenue, conser-vation.

Mai-re, *s. m.* magistrat.

Mai-rie, *s. f.* maison commune.

Ma-ïs, *s. m.* blé de Turquie.

Mai-son, *s. f.* édifice, logis.

Maî-tre, *s. m.* chef, professeur.

Ma-jeur, *a.* qui a 21 ans, im-portant.

LEÇON XXXIX

Ma-jor, *s. m.* officier supérieur.

Mal-gré, *prép.* contre la volonté.

Mal-heur, *s. m.* accident.

Ma-lin, *a.* malicieux, rusé.

Mal-le, *s. f.* caisse.

Mal-sain, *a.* insalubre.

Ma-man, *s. f.* mère.

Ma-nant, *a.* grossier, rustre.

Man-chot, *s. m.* privé d'un bras.

Man-dat, *s. m.* procuration, ordre.

Ma-nie, *s. f.* habitude ridicule.

Man-ne, *s. f.* panier.

Ma-noir, *s. m.* maison, de-meure.

Man-que, *s. m.* privation, be-soin.

Man-quer, *v. n.* faillir, négliger.

Man-te, *s. f.* voile noir.

Mar-bre, *s. m.* pierre dure veinée.

Mar-ché, *s. m.* lieu public pour la vente des denrées, contrat.

Mar-di, le 3e jour de la se-maine.

Ma-re, *s. f.* eau dormante.

LEÇON XL

Ma-rée, *s. f.* flux et reflux.

Ma-ri, *s. m.* époux.

Ma-rin, *s. m.* homme de mer.

Mar-que, *s. f.* signe, trace.

Mar-quer, *v. a.* spécifier, noter.

Mar-quis, *s. m.* titre de noblesse.

Mar-ri, *a.* affligé, fâché.

Mar-ron, *s. m.* fruit, couleur.

Mar-te, *s. f.* sorte de fouine.

Mar-tyr, *s. m.* qui souffre beaucoup, qui a souffert la mort pour sa croyance.

Mas-se, *s. f.* amas.

Mas-sif, *a.* épais, lourd.

Mas-tic, *s. m.* ciment.

Ma-ter, *v. a.* dompter.

Mâ-ter, *v. a.* garnir de mâts.

Ma-tin, *s. m.* 1re partie du jour.

Ma-tois, *a.* rusé, fin.

Mau-dit, *a.* exécrable, détestable.

Mau-vais, *a.* qui n'est pas bon.

Mé-chant, *a.* mauvais.

LEÇON XLI

Mé-fait, *s. m.* mauvaise action.

Mé-gir, *v. a.* apprêter les peaux.

Meil-leur, *a.* pour plus bon.

Mê-lée, *s. f.* combat.

Mê-ler, *v. a.* brouiller.

Mem-bre, *s. m.* partie d'un corps.

Me-ner, *v. a.* conduire, diriger.

Men-tal, *a.* qui se fait en esprit.

Men-tir, *v. n.* dire un mensonge.

Men-tor, *s. m.* guide.

Me-nu, *a.* fin, en morceaux.

Mé-pris, *s. m.* dédain.

Mes-quin, *a.* petit, pauvre.

Mes-se, *s. f.* cérémonie des chrétiens.

Mé-tal, *s. m.* corps minéral.

Mè-tre, *s. m.* mesure.

Met-tre, *v. a.* poser.

Meu-nier, *s. m.* qui fait marcher un moulin à blé.

Meur-tre, *s. m.* action de tuer.

LEÇON XLII

Mi-di, *s. m.* milieu du jour.

Miet-te, *s. f.* parcelle de pain.

Mi-gnon, *a.* délicat, gentil.

Mi-lieu, *s. m.* centre.

Mil-le, *a. num.* dix fois cent.

Mi-me, *s. m.* acteur.

Mi-ne, *s. f.* air; cavité, lieu d'où l'on extrait les métaux.

Mi-ner, *v. a.* creuser; saper.

Mi-nuit, *s. m.* milieu de la nuit.

Mi-rer, *v. a.* viser; *pers.* se regarder.

Mi-roir. *s. m.* petite glace.

Mi-tre, *s. f.* coiffure d'évêque.

Mix-te, *a.* mélangé.

Moin-dre, *a.* plus petit.

Moi-ne, *s. m.* religieux.

Moi-si, *a.* gâté.

Mois-son, *s. f.* récolte des grains.

Mô-le, *s. m.* jetée d'un port.

Mol-lir, *v. n.* devenir mou, faiblir.

Mo-ment, *s. m.* temps fort court.

LEÇON XLIII

Mon-ceau, *s. m.* tas en forme de petit mont.

Mo-mie, *s. f.* corps embaumé.

Mon-de, *s. m.* l'univers, la terre.

Mon-der, *v. a.* nettoyer.

Mon-naie, *s. f.* petites pièces.

Mons-tre, *s. m.* production hors nature.

Mon-tre, *s. f.* horloge de poche.

Mon-trer, *v. a.* faire voir, enseigner.

Mo-ral, *a.* qui regarde les mœurs.

Mor-ceau, *s. m.* partie, extrait d'un ouvrage.

Mor-dant, *a.* vif, piquant.

Mor-dre, *v. a.* prendre avec les dents.

Morne, *a.* triste, sombre.

Mo-rue, *s. f.* poisson de mer.

Mos-quée, *s. f.* temple mahométan.

Mo-tif, *s. m.* ce qui fait agir.

Mou-che, *s. f.* insecte ailé.

Mou-dre, *v. a.* broyer avec la meule.

Mouil-ler, *v. a.* humecter, jeter l'ancre.

Mou-le, *s. m.* forme, modèle.

Mou-lin, *s. m.* machine à moudre.

Mou-lu, *a.* pulvérisé, meurtri.

LEÇON XLIV

Mou-rir, *v. n.* cesser de vivre.

Mous-quet, *s. m.* arme à feu.

Mous-se, *s. m.* apprenti marin.

Mous-se, *s. f.* écume, plante.

Mous-seux, *a.* qui mousse (liquide).

Mous-su, *a.* couvert de mousse (plante).

Mou-ver, *v. a.* remuer.

Mou-voir, *v. a.* agiter, exciter.

Mu-fle, *s. m.* museau du bœuf.

Mu-gir, *v. n.* crier, se dit du bœuf, du vent, des flots.

Mu-le, *s. f.* mulet femelle.

Mu-let, *s. m.* animal né d'un cheval et d'une ânesse.

Mu-nir, *v. a.* pourvoir.

Mû-re, *s. f.* fruit.

Mu-rer, *v. a.* boucher, fermer.

Mû-rir, *v. a.* rendre mûr; *n.* devenir mûr.

Mu-se, *s. f.* déesse, poésie.

Mu-seau, *s. m.* la gueule et le nez.

Mu-sée, *s. m.* collection d'objets rares.

Mu-ser, *v. a.* s'amuser à des riens.

LEÇON XLV

Mu-tin, *a.* entêté, rebelle.

Myr-te, *s. m.* arbrisseau.

My-the, *s. m.* fable.

Na-bot, *s. m.* de petite taille.

Na-cre, *s. f.* partie argentée d'une coquille.

Na-ger, *v. n.* se tenir sur l'eau.

Na-if, *a.* ingénu.

Naî-tre, *v. n.* venir au monde, commencer.

Nan-kin, *s. m.* étoffe de Chine.

Nan-tir, *v. a.* donner un gage.

Nar-guer, *v. a.* braver.

Nar-quois, *a.* rusé.

Nar-rer, *v. a.* raconter.

Na-sal, *a.* du nez.

Na-seau, *s. m.* narine d'animaux.

Nas-se, *s. f.* panier pour pêcher.

Na-tal, *a.* où l'on est né.

Na-tif. *a.* né en tel lieu.

Nat-te, *s. f.* tresse.

Na-vrer, *v. a.* accabler de chagrin.

LEÇON XLVI

Né-ant, *s. m.* rien.

Nec-tar, *s. m.* breuvage des dieux.

Nè-gre, *s. m.* homme noir.

Nei-ge, *s. f.* pluie qui tombe en flocons blancs.

Neu-tre, *a.* qui ne prend pas de parti.

Ne-veu, *s. m.* fils de frère ou de sœur.

Ni-ais, *a.* simple.

Ni-che, *s. f.* creux pour une statue.

Ni-cher, *v. n.* faire son nid.

Niè-ce, *s. f.* fille de frère ou de sœur.

Ni-er, *v. a.* ne pas reconnaître.

Ni-gaud, *a.* sot.

Nim-be, *s. m.* auréole.

Nip-pes, *s. f. pl.* habits.

Ni-tre, *s. m.* salpêtre.

No-ble, *a.* grand, généreux.

No-ce, *s. f.* mariage.

No-ël, *s. m.* Fête de la Nativité de Notre-Seigneur, Jésus-Christ.

Noir-ceur, *s. f.* atrocité.

Noir-cir, *v. a.* rendre noir, diffamer.

No-lis, *s. m.* fret.

Nom-bre, *s. m.* plusieurs unités.

LEÇON XLVII

Nom-breux, *a.* en grand nombre.

Nom-mer, *v. a.* désigner.

Non-ce, *s. m.* envoyé du pape.

Non-ne, *s. f.* religieuse.

Non-sens, *s. m.* manque de sens.

No-te, *s. m.* marque, signe de musique.

No-tre, *a. poss.* qui est à nous.

Nô-tre (le), *pr. poss.* qui est à nous.

Nour-rir, *v. a.* entretenir, alimenter.

Nou-veau, *a.* neuf.

Nui-re, *v. n.* faire tort.

Nym-phe, *s. f.* divinité des bois.

Ob-jet, *s. m.* chose, but.

Ob-long, *a.* plus long que large.

Ob-scur, *a.* sombre, peu intelligible.

Ob-tus, *s. m.* angle plus grand

qu'un droit, esprit peu pé-
nétrant.

O-bus, *s. f.* petite bombe.

O-cre, *s. m.* terre jaune.

Oc-troi, *s. m.* droit sur les denrées.

O-de, *s. f.* poëme lyrique.

O-deur, *s. f.* senteur, parfum.

LEÇON XLVIII

Œil-let, *s. m.* plante, trou rond.

Œu-vé, *a.* qui a des œufs.

Œu-vre, *s. m.* ouvrage, fait.

Of-fre, *s. f.* action d'offrir.

Of-frir, *v. a.* présenter, propo-
ser.

O-gre, *s. m.* grand mangeur.

Oi-gnon, *s. m.* plante bulbeuse.

Oi-sif, *a.* qui ne fait rien.

Oi-son, *s. m.* petit de l'oie.

Om-bre, *s. f.* obscurité, teinte.

On-ce, *s. f.* poids.

On-de, *s. f.* la mer.

On dit, *s. m.* propos vague.

On-gle, *s. m.* corne des doigts.

O-nyx, *s. m.* pierre dure.

On-ze, *a. num.* dix plus un.

Op-ter, *v. a.* faire un choix.

O-ral, *a.* transmis de bouche.

Or-be, *s. m.* corps rond, globe.

Or-dre, *s. m.* rang, injonc-
tion.

LEÇON XLIX

Or-ge, *s. f.* sorte de grain.

Or-gie, *s. f.* débauche de table.

Or-gue, *s. m.*, au *pl. f.* instrument de musique.

Or-gueil, *s. m.* fierté, hauteur.

Or-me, *s. m.* grand arbre.

Or-ner, *v. a.* parer, embellir.

Or-teil, *s. m.* gros doigt du pied.

O-ser, *v. a.* avoir la hardiesse.

Os-seux, *a.* de la nature de l'os.

Os-su, *a.* qui a de gros os.

O-ter, *v. a.* enlever, prendre.

Ou-ïr, *v. a.* entendre.

Our-se, *s. f.* constellation.

Our-son, *s. m.* petit de l'ours.

Ou-til, *s. m.* instrum. d'artisan.

Ou-tre, *s. f.* sac en peau de
bouc.

Ou-tré, *a.* exagéré, irrité.

Ou-vert, *a.* étalé, commencé.

Ou-vré, *a.* façonné.

Ou-vroir, *s. m.* lieu de travail.

LEÇON L

Pa-cha, *s. m.* gouverneur en
Turquie.

Pac-te, *s. m.* convention.

Pa-ge, *s. m.* serviteur.

Pa-ge, *s. f.* côté d'un feuillet.

Pail-le, *s. f.* tuyau de blé, défaut.

Pai-re, *s. f.* couple.

Pa-lais, *s. m.* édifice somptueux.

Pâ-le, *a.* peu coloré, blan-
châtre.

Pal-me, *s. f.* décoration.

Pâ-mer (se), *v. pron.* s'évanouir.

Pam-phlet, *s. m.* brochure critique.

Pam-pre, *s. m.* branche de vigne.

Pa-né, *a.* couvert de mie de pain.

Pa-nier, *s. m.* ustensile d'osier.

Pan-ne, *s. f.* graisse.

Pan-ser, *v. a.* soigner.

Pan-tin, *s. m.* figure mobile.

Pa-pe, *s. m.* le Chef de la religion catholique.

Pâ-que, *s. f.* fête des Juifs.

Pâ-ques, *s. f. pl.* fête des chrétiens.

Par-cours, *s. m.* droit de mener paître.

Par-don, *s. m.* grâce.

LEÇON LI

Pa-reil, *a.* semblable.

Pa-rent, *a.* allié.

Pa-rents, *s. m. pl.* le père et la mère.

Pa-rer, *v. a.* décorer, garantir.

Par-fait, *a.* à qui ne manque rien.

Par-fois, *adv.* quelquefois.

Par-fum, *s. m.* odeur agréable.

Pa-ri, *s. m.* gageure.

Par-ler, *v. n.* proférer des mots, expliquer.

Par-loir, *s. m.* lieu pour parler.

Pa-roi, *s. f.* surface interne.

Par-ti, *s. m.* résolution.

Par-tir, *v. n.* s'en aller, quitter.

Pas-ser, *v. n.* traverser, perdre son éclat, omettre.

Pas-sif, *a.* ce que l'on doit.

Pat-te, *s. f.* pied des animaux.

Pâ-te, *s. f.* farine pétrie.

Pa-tent, *a.* manifeste.

Pâ-tir, *v. n.* souffrir.

Pâ-tre, *s. m.* berger.

LEÇON LII

Pa-tron, *s. m.* chef, maître, modèle.

Pau-me, *s. f.* le dedans de la main.

Pau-se, *s. f.* cessation, intervalle.

Pau-vre, *a.* indigent, chétif.

Pa-vois, *s. m.* grand bouclier.

Pa-vot, *s. m.* plante somnifère.

Pé-ché, *s. m.* faute.

Pê-che, *s. f.* fruit.

Pé-dant, *s. m.* faux savant.

Pei-gne, *s. m.* instrument pour les cheveux.

Pei-gné, *a.* soigné, travaillé.

Pein-dre, *v. a.* couvrir de couleurs.

Pei-ne, *s. f.* punition, douleur, difficulté.

Pei-né, *a.* fâché.

Pein-tre, *s. m.* qui peint.

Pe-ler, *v. a.* ôter le poil, la peau, l'écorce.

Pel-le, *s. f.* outil à long manche.

Pe-lu, *a.* garni de poils.

Pé-nal, *a.* relatif aux peines légales.

Pe-naud, *a.* honteux, interdit.

Pen-chant, *s. m.* inclination.

Pen-dre, *v. a.* suspendre.

LEÇON LIII

Pen-ser, *v. a.* croire, songer.

Pen-te, *s. f.* surface inclinée.

Per-cer, *v. a.* faire un trou.

Per-clus, *a.* impotent.

Per-dre, *v. a.* cesser d'avoir, égarer.

Pé-ril, *s. m.* danger, risque.

Per-mis, *a.* juste, non défendu.

Per-ron, *s. m.* escalier découvert.

Per-te, *s. f.* privation, ruine.

Per-vers, *a.* méchant.

Pe-sant, *a.* lourd, onéreux.

Pes-te, *s. f.* maladie contagieuse.

Pé-tri, *a.* rempli de.

Pé-trir, *v. a.* faire de la pâte.

Peu-ple, *s. m.* nation, multitude.

Phé-nix, *s. m.* oiseau fabuleux.

Phil-tre, *s. m.* breuvage magique.

Pho-que, *s. m.* veau marin.

Pi-eux, *a.* plein de piété.

Piè-tre, *a.* chétif.

Pi-gnon, *s. m.* mur de côté.

LEÇON LIV

Pi-le, *s. f.* amas de choses en ordre.

Pi-ler, *v. a.* écraser, broyer.

Pil-ler, *v. a.* saccager, voler.

Pin-ce, *s. f.* tenaille, levier.

Pin-cé, *a.* affecté, maniéré.

Pin-cer, *v. a.* presser fortement la peau.

Pi-quer, *v. a.* percer, offenser.

Pi-quet, *s. m.* petit pieu.

Pi-re, *a.* pour plus mauvais.

Pis-te, *s. f.* trace, vestige.

Pi-teux, *a.* digne de pitié.

Pi-vot, *s. m.* support, racine.

Pla-ce, *s. f.* lieu, espace, rang.

Pla-cet, *s. m.* demande écrite.

Pla-ge, *s. f.* rivage.

Plaï-ne, *s. f.* campagne unie.

Plain-te, *s. f.* lamentation.

Plai-re, *v. n.* être au gré de.

Plai-sant, *a.* gai, agréable.

Plai-sir, *s. m.* joie, divertissement.

Plâ-tre, *s. m.* pierre calcaire.

LEÇON LV

Pleu-rer, *v. n.* verser des larmes.

Pli-er, *v. a.* mettre en double, céder, courber, ranger.

Plon-ger, *v. a.* mettre sous l'eau.

Plu-me, *s. f.* duvet d'oiseau.

Plu-part, *s. f.* généralité.

Plu-tôt, *adv,* de préférence.

Po-che, *s. f.* petit sac, jabot.

Poi-lu, *a.* velu.

Poin-çon, *s. m.* outil pointu, tonneau.

Poin-dre, *v. n.* commencer à paraître.

Poin-te, *s. f.* bout aigu et piquant.

Poi-re, *s. f.* fruit à pépins.

Poi-son, *s. m.* venin.

Pois-ser, *v. a.* enduire de poix.

Pois-son, *s. m.* animal aqua-tique.

Po-li, *a.* luisant, civil.

Pol-tron, *a.* sans courage.

Pom-me, *s. f.* fruit.

Pom-pe, *s. f.* éclat, machine.

Por-che, *s. m.* portique.

Por-cher, *s. m.* qui garde les porcs.

Por-tail, *s. m.* façade.

LEÇON LVI

Por-te, *s. f.* ouverture, ferme-ture.

Por-ter, *v. a.* avoir sur soi.

Po-ser, *v. a.* placer, établir.

Pos-te, *s. m.* emploi, position.

Pos-te, *s. f.* service des lettres.

Pou-ce, *s. m.* le 1ᵉʳ doigt de la main.

Pou-dre, *s. f.* poussière, ma-tière inflammable.

Pou-lain, *s. m.* jeune cheval.

Pou-le, *s. f.* la femelle du coq.

Pou-pe, *s. f.* arrière d'un na-vire.

Pour-ceau, *s. m.* cochon.

Pour-pre, *a.* rouge éclatant.

Pour-quoi, *conj.* pour quelle cause.

Pour-ri, *a.* gâté.

Pour-tour, *s. m.* circuit.

Pour-voir, *v. a.* munir, établir.

Pous-ser, *v. a.* aider, exciter.

Pou-voir, *s. m.* crédit, puis-sance.

Pou-voir, *v. n.* avoir la faculté.

Pré-au, *s. m.* cour.

Prê-cher, *v. a.* faire un sermon.

Pré-cis, *a.* abrégé, concis.

LEÇON LVII

Pré-fet, *s. m.* qui administre un département.

Pré-lat, *s. m.* dignitaire ecclé-siastique.

Pren-dre, *v. a.* saisir, s'emparer.

Preu-ve, *s. f.* ce qui constate un fait.

Pré-voir, *v. a.* deviner l'avenir.

Pri-er, *v. a.* demander, inviter.

Pri-mer, *v. a.* surpasser, de-vancer.

Pri-mo, *adv.* en premier lieu.

Prin-ce, *s. m.* titre de noblesse.

Pri-son, *s. f.* lieu de détention.

Pro-be, *a.* droit, honnête.

Pro-che, *a.* voisin.

Pro-duit, *s. m.* rapport, résultat.

Pro-fit, *s. m.* lucre, gain.

Pro-fond, *a.* très-creux, savant.

Pro-grès, *s. m.* avancement.

Pro-jet, *s. m.* dessein.

Prô-ner, *v. a.* vanter.

Pro-pre, *a.* qui appartient à, net.

Pros-crit, *a.* condamné, dé-fendu.

LEÇON LVIII

Psau-me, *s. m.* cantique.

Pu-deur, *s. f.* innocence, mo-destie.

Puis-sant, *a.* qui a du pouvoir.

Pu-nir, *v. a.* châtier.

Pur-ger, *v. a.* purifier.

2.

Quan-tum, s. m. quotité.

Qua-si, adv. presque.

Qua-train, s. m. stance de 4 vers.

Quê-te, s. f. act. de demander.

Qui-dam, s. m. un inconnu.

Quil-le, s. f. pièce sous le navire.

Quin-tal, s. m. poids, 50 kilos.

Quin-te, s. f. toux.

Quin-teux, a. fantasque.

Quit-te, a. libéré de sa dette.

LEÇON LIX

Quit-ter, v. a. partir, renoncer.

Ra-bais, s. m. diminution.

Rab-bin, s. m. docteur juif.

Ra-chat, s. m. action de racheter.

Ra-de, s. f. abri pour les navires.

Ra-deau, s. m. bois liés et flottant sur l'eau.

Ra-doub, s. m. réparation de navire.

Ra-ge, s. f. délire furieux, manie.

Rai-sin, s. m. fruit de la vigne.

Rai-son, s. f. intelligence, motif.

Ram-per, v. n. traîner à terre.

Ran-ce, a. qui se gâte.

Ran-çon, s. f. prix pour la délivrance.

Rap-port, s. m. revenu, récit, convenance.

Ra-re, a. qui n'est pas commun.

Ra-vir, v. a. enlever de force, charmer.

Re-bours, s. m. le contre-sens.

Ré-bus, s. m. jeu de mots.

Re-but, s. m. rejet, refus.

Ré-cent, a. nouveau.

Rê-che, a. âpre, rude.

LEÇON LX

Ré-cit, s. m. narration.

Re-clus, a. qui vit dans la retraite.

Re-coin, s. m. coin caché.

Re-cours, s. m. refuge, demande d'assistance.

Re-crue, s. f. nouveau soldat.

Rec-teur, s. m. supérieur d'un collége.

Ré-duit, s. m. retraite.

Ré-el, a. positif, vrai.

Re-frain, s. m. répétition.

Re-fus, s. m. rejet.

Ré-gal, s. m. festin.

Re-gain, s. m. deuxième foin.

Re-gard, s. m. action de la vue.

Ré-gir, v. a. diriger, gouverner.

Rè-gle, s. f. principe, loi.

Rè-gne, s. m. gouvernement, classification.

Re-gret, s. m. repentir.

Rei-ne, s. f. la femme d'un roi.

Re-lief, s. m. saillie, éclat.

Re-mords, s. m. reproche de la conscience, vif repentir.

Re-mous, s. m. tournoiement.

Rem-part, s. m. défense.

Ren-dre, v. a. restituer.

LEÇON LXI

Ren-fler, *v. n.* grossir.

Re-nom, *s. m.* réputation.

Ren-te, *s. f.* revenu annuel.

Ren-voi, *s. m.* expulsion, note.

Re-pas, *s. m.* festin.

Ré-pit, *s. m.* délai, relâche.

Re-pos, *s. m.* calme, pause.

Res-cif, *s. m.* écueil.

Res-pect, *s. m.* déférence.

Res-sac, *s. m.* choc des vagues.

Res-sort, *s. m.* élasticité.

Re-tard, *s. m.* délai, remise.

Ré-tif, *a.* qui résiste.

Re-tors, *a.* fin, rusé.

Re-tour, *s. m.* act. de revenir.

Rê-ve, *s. m.* songe.

Ré-veil, *s. m.* cessation de sommeil.

Re-vers, *s. m.* disgrâce.

Ri-ant, *a.* gracieux, agréable.

Ri-che, *a.* précieux, fertile.

Ri-gueur, *s. f.* sévérité.

LEÇON LXII

Ri-mer, *v. a.* mettre en vers.

Ri-re, *v. n.* se divertir.

Ris-que, *s. m.* hasard, péril.

Ri-ve, *s. f.* bord, rivage.

Ri-xe, *s. f.* querelle, coup.

Rô-der, *v. n.* errer çà et là.

Roi-de, *a.* tendu, escarpé.

Ro-man, *s. m.* récit fictif.

Rom-pre, *v. a.* briser, casser.

Rond-point, *s. m.* place circulaire.

Ron-flant, *a.* sonore, bruyant.

Ron-ger, *v. a.* couper avec les dents, miner.

Ro-se, *s. f.* fleur, couleur.

Ro-sée, *s. f.* vapeur humide.

Ros-se, *s. f.* cheval étique.

Ros-ser, *v. a.* battre très-fort

Rô-tir, *v. a.* cuire devant le feu.

Rou-ble, *s. m.* monnaie russe.

Rou-er, *v. a.* supplicier, battre.

Rou-et, *s. m.* machine pour filer.

Rou-lis, *s. m.* mouvement d'un navire.

Rou-te, *s. f.* chemin, voie.

Ru-che, *s. f.* panier à abeilles.

LEÇON LXIII

Ru-de, *a.* âpre, raboteux, sévère.

Ru-gir, *v. n.* crier, se dit du lion.

Rui-ne, *s. f.* destruction, débris.

Ru-meur, *s. f.* bruit sourd.

Ru-ral, *a.* des champs.

Ru-se, *s. f.* finesse, détour.

Sab-bat, *s. m.* jour de repos des Juifs, vacarme.

Sa-ble, *s. m.* terre fine et légère.

Sa-bot, *s. m.* chaussure de bois, corne du pied du cheval.

Sa-bre, *s. m.* arme tranchante.

Sa-chet, *s. m.* petit sac.

Sa-cré, *a.* saint, inviolable.

Sa-crer, *v. a.* conférer un caractère saint.

Sa-ge, *a.* prudent, paisible.

Sai-gnant, *a.* plein de sang.

Sail-lant, *a.* qui avance, brillant.

Sain-foin, *s. m.* plante.

Sai-sir, *v. a.* s'emparer, étonner.

Sa-le, *a.* malpropre, sordide.

Sa-ler, *v. a.* assaisonner de sel.

LEÇON LXIV

Sal-le, *s. f.* grande pièce.

Sal-ve, *s. f.* décharge d'artillerie.

San-glant, *a.* ensanglanté, blessant.

San-glot, *s. m.* soupirs redoublés.

Sang-froid, *s. m.* calme, présence d'esprit.

San-té, *s. f.* état du corps.

Sar-ment, *s. m.* bois de la vigne.

Sa-tan, *s. m.* le Diable.

Sau-le, *s. m.* arbre.

Sau-mon, *s. m.* poisson, masse de plomb.

Sau-ter, *v. a.* franchir, omettre.

Sa-vant, *a.* érudit, instruit.

Sa-voir, *s. m.* science.

Sa-voir, *v. a.* être informé.

Sbi-re, *s. m.* archer vénitien.

Sca-breux, *a.* dangereux, difficile.

Scène, *s. f.* partie d'un théâtre, d'une pièce, querelle.

Scep-tre, *s. m.* signe du pouvoir.

Schis-me, *s. m.* séparation.

LEÇON LXV

Schis-te, *s. m.* pierre bitumineuse.

Scin-der, *v. a.* diviser.

Sci-on, *s. m.* rejeton d'un arbre.

Scri-be, *s. m.* copiste.

Scru-ter, *v. a.* examiner à fond.

Scru-tin, *s. m.* suffrage secret.

Sculp-ter, *v. a.* tailler le bois, le marbre.

Sé-ant, *a.* décent, convenable.

Se-cond, *a.* qui a le 2e rang.

Se-cours, *s. m.* aide, renfort.

Se-cret, *a.* caché, discret.

Sei-gle, *s. m.* sorte de blé.

Seil-le, *s. f.* seau.

Sei-ne, *s. f.* filet qu'on traîne.

Sé-jour, *s. m.* temps, habitation.

Sem-bler, *v. n.* paraître.

Se-mé, *a.* jeté, jonché.

Sé-nat, *s. m.* assemblée législative.

Sen-sé, *a.* raisonnable.

LEÇON LXVI

Sen-te, *s. f.* petit sentier.

Sen-tir, *v. a.* éprouver, exhaler une odeur.

Sé-rail, *s. m.* palais du Grand Turc.

Se-rein, *a.* clair, calme.

Sé-rie, *s. f.* suite, division.

Se-rin, *s. m.* oiseau jaune.

Ser-ment, *s. m.* affirmation, promesse.

Ser-mon, *s. m.* prédication.

Ser-pent, *s. m.* reptile.

Ser-rer, *v. a.* presser, enfermer.
Sé-vir, *v. n.* agir avec rigueur.
Si-gnal, *s. m.* signe.
Si-gne, *s. m.* marque, indication.
Si-gner, *v. a.* mettre son seing.
Si-lex, *s. m.* pierre à fusil.
Sim-ple, *a.* non composé, facile.

Sin-ge, *s. m.* quadrumane.
Si-re, *s. m.* titre de souverain.
Si-te, *s. m.* situation.
So-bre, *a.* tempérant, modéré.
So-cle, *s. m.* base, piédestal.
So-fa, *s. m.* canapé.
Sol-dat, *s. m.* militaire.
Sol-de, *s. f.* paye du soldat.
So-leil, *s. m.* l'astre du jour.

LEÇON LXVII

Som-meil, *s. m.* repos, action de dormir.
Som-mer, *v. a.* enjoindre.
Som-met, *s. m.* la cime.
Son-ge, *s. m.* idée, rêve.
Son-net, *s. m.* pièce de vers.
Sor-te, *s. f.* façon, espèce.
Sor-tir, *v. n.* aller dehors, être issu.
Sou-ci, *s. m.* inquiétude, plante.
Sou-dain, *a.* subit.
Souf-fle, *s. m.* respiration, vent.

Souf-frir, *v. a.* endurer.
Sou-fre, *s. m.* minéral jaune.
Sou-hait, *s. m.* désir, vœu.
Soup-çon, *s. m.* doute.
Sou-per, *s. m.* repas du soir.
Sou-pir, *s. m.* respiration, pénible.
Sou-ple, *a.* flexible, docile.
Sour-ce, *s. f.* eau qui sourde, cause.
Sour-dre, *v. n.* sortir de terre.

LEÇON LXVIII

Sou-ris, *s. m.* sourire, *f.* animal.
Sour-nois, *a.* dissimulé, caché.
Sou-vent, *adv.* fréquemment.
Spas-me, *s. m.* convulsion.
Spec-tre, *s. m.* fantôme, vision.
Sphè-re, *s. f.* globe.
Splen-deur, *s. f.* faste, pompe, éclat.
Sta-ble, *a.* durable, permanent.
Sta-ge, *s. m.* noviciat.
Stal-le, *s. f.* siége de bois.
Stan-ces, *s. f. pl.* ouvrage de poésie.
Sta-tut, *s. m.* règlement.

Stè-re, *s. m.* mètre cube.
Ster-ling, *a.* (livre) monnaie de compte en Angleterre.
Sto-re, *s. m.* rideau à ressort.
Stro-phe, *s. f.* couplet.
Sty-le, *s. m.* poinçon, manière de parler, d'écrire.
Su-bit, *a.* soudain.
Sub-til, *a.* adroit, délié.
Suc-cès, *s. m.* réussite.
Suc-cinct, *a.* court, concis.
Su-cer, *v. a.* attirer avec les lèvres.
Su-cre, *s. m.* suc de cannes, de betteraves.

LEÇON LXIX.

Su-ie, *s. f.* noir de fumée.
Sui-te, *s. f.* cortége, résultat.
Sui-vre, *v. a.* aller après.
Su-jet, *s. m.* cause, personne.
Su-jet, *a.* soumis, coutumier.
Sul-tan, *s. m.* l'empereur des Turcs.
Sup-port, *s. m.* soutien.
Sup-pôt, *s. m.* agent.
Sur-croît, *s. m.* augmentation.
Su-reau, *s. m.* arbre.
Su-ret, *a.* acidulé.
Sur-gir, *v. n.* s'élever tout à coup.
Sur-plus, *s. m.* ce qui est de trop.
Sur-saut, *s. m.* réveil subit.
Sur-sis, *s. m.* délai.
Sus-dit, *a.* déjà nommé.
Sus-pect, *a.* dont il faut se méfier.
Syl-phe, *s. m.* génie de l'air.
Syn-dic, *s. m.* agent d'une société.
Ta-bac, *s. m.* plante, ce qu'on fume.
Ta-che, *s. f.* souillure.
Tâ-che, *s. f.* ouvrage déterminé.

LEÇON LXX.

Tâ-cher, *v. n.* s'efforcer.
Tail-le, *s. f.* stature, coupe.
Tail-ler, *v. a.* couper.
Tail-leur, *s. m.* qui fait des habits.
Tail-lis, *s. m.* jeune bois.
Tai-re, *v. a.* garder le silence.
Ta-lent, *s. m.* aptitude, savoir.
Tal-le, *s. f.* rejets.
Ta-lus, *s. m.* pente.
Tam-bour, *s. m.* instrument de musique.
Ta-mis, *s. m.* sas.
Tam-tam, *s. m.* instrument de musique.
Tan-ner, *v. a.* préparer le cuir.
Tan-te, *s. f.* sœur de père ou de mère.
Tan-tôt, *adv.* bientôt.
Ta-quin, *a.* contrariant.
Tar-der, *v. n.* différer.
Ta-ré, *a.* vicié.
Ta-rif, *s. m.* rôle des prix.
Ta-rir, *v. a.* mettre à sec.
Tas-se, *s. f.* vase.

LEÇON LXXI

Tas-sé, *a.* pressé, serré.
Tâ-ter, *v. a.* essayer.
Tau-re, *s. f.* génisse.
Tau-reau, *s. m.* mâle de la vache.
Ta-xe, *s. f.* prix réglé, impôt.
Tein-dre, *v. a.* colorer.
Té-moin, *s. m.* qui a vu ou entendu.
Tem-ple, *s. m.* grand édifice.
Ten-dre, *a.* sensible, touchant.
Ten-dre, *v. a.* roidir, tapisser.
Te-nir, *v. a.* avoir, garder.
Tente, *s. f.* abri de toile.

Ten-ter, *v. a.* essayer, donner envie.

Te-nu, *a.* soigné, entretenu.

Té-nu, *a.* mince, délié.

Ter-me, *s. m.* but, limite, fin.

Ter-nir, *v. a.* ôter l'éclat.

Ter-re, *s. f.* champ, le monde.

Ter-reur, *s. f.* épouvante.

LEÇON LXXII

Ter-tre, *s. m.* petit monticule.

Tes-ter, *v. n.* faire son testament.

Tê-te, *s. f.* partie supérieure du corps, commencement.

Té-ter, *v. a.* sucer le lait à la mamelle.

Tê-tu, *a.* obstiné.

Tex-te, *s. m.* sujet de discours.

Ther-mal, *a.* chaud.

Thè-se, *s. f.* proposition à discuter.

Ti-ge, *s. f.* corps d'une plante.

Ti-gre, *s. m.* animal carnassier.

Til-leul, *s. m.* arbre.

Tim-bre, *s. m.* marque, son.

Ti-rer, *v. a.* amener à soi, ôter.

Toc-sin, *s. m.* cloche d'alarme.

Toi-se, *s. f.* ancienne mesure.

Toi-son, *s. f.* la laine d'un mouton.

Tom-be, *s. f.* sépulcre.

Tom-beau, *s. m.* sépulture.

Tom-ber, *v. n.* faillir, déchoir.

Ton-dre, *v. a.* couper la laine, le poil.

Ton-neau, *s. m.* vase, cerclé.

LEÇON LXXIII

Ton-ner, *v. n.* retentir.

Tor-che, *s. f.* flambeau.

Tor-dre, *v. a.* tourner de biais.

Tor-rent, *s. m.* courant d'eau.

Tor-tu, *a.* de travers.

To-tal, *a.* entier.

Tou-chant, *a.* tendre.

Touf-fe, *s. f.* amas d'herbes, etc.

Touf-fu, *a.* épais, en touffe.

Tou-jours, *adv.* continuellement.

Tour-ment, *s. m.* chagrin, supplice.

Tour-née, *s. f.* voyage périodique, promenade.

Tour-teau, *s. m.* gâteau.

Tra-cas, *s. m.* ennui.

Tra-ce, *s. f.* vestige, marque.

Tra-fic, *s. m.* commerce.

Tra-hir, *v. a.* dévoiler, faire une perfidie.

Traî-ner, *v. a.* tirer après soi.

Trai-té, *s. m.* convention.

Traî-tre, *s. m.* qui trahit.

Tra-jet, *s. m.* espace à parcourir.

LEÇON LXXIV

Tra-me, *s. f.* fils ourdis, complot.

Tran-cher, *v. a.* couper.

Tran-se, *s. f.* frayeur, appréhension.

Tra-pu, *a.* gros et court.

Tra-quer, *v. a.* cerner, entourer.

Tra-vail, *s. m.* travaux, *pl.* peine, ouvrage.

Tra-vers (de), *adv.* de biais.

Tra-vers (à), *prép.* parmi.

Trè-fle, *s. m.* plante fourragère.

Treil-le, *s. f.* vigne palissée.

Treil-lis, *s. m.* grillage.

Trem-blant, *a.* agité, craintif.

Trem-per, *v. a.* mouiller, *n.* participer.

Tré-pas, *s. m.* mort.

Tré-sor, *s. m.* richesse.

Trè-ve, *s. f.* suspension.

Tri-bu, *s. f.* peuplade.

Tri-but, *s. m.* subside, impôt.

Tri-cher, *v. a.* tromper au jeu.

Tri-er, *v. a.* choisir, séparer.

LEÇON LXXV

Tri-ple, *s. m.* trois fois autant.

Tri-pot, *s. m.* maison de jeu.

Tri-que, *s. f.* gros bâton.

Tris-te, *a.* obscur, affligé.

Trom-be, *s. f.* tourbillon.

Trom-per, *v. a.* induire en erreur.

Tron-çon, *s. m.* morceau.

Trô-ne, *s. m.* siége élevé.

Trô-ner, *v. n.* dominer.

Tro-quer, *v. a.* échanger.

Trou-ble, *s. m.* désordre.

Trou-er, *v. a.* percer.

Trou-pe, *s. f.* soldats, foule.

Trou-peau, *s. m.* animaux réunis.

Trou-ver, *v. a.* rencontrer, imaginer.

Truf-fe, *s. f.* plante comestible.

Tru-ie, *s. f.* femelle du porc.

Tu-be, *s. m.* tuyau.

Tu-er, *v. a.* détruire, ôter la vie.

Ty-pe, *s. m.* modèle.

LEÇON LXXVI

Ty-phus, *s. m.* fièvre maligne.

Ty-ran, *s. m.* oppresseur.

Ul-tra, *s. m.* exagéré.

U-ni, *a.* égal, poli.

U-nir, *v. a.* aplanir, joindre.

Ur-bain, *a.* de la ville.

Ur-gent, *a.* pressant.

Ur-ne, *s. f.* sorte de vase.

U-sé, *a.* passé, émoussé, vieux.

U-ser, *v. n.* faire usage.

Va-cant, *a.* libre, inoccupé.

Vac-cin, *s. m.* virus pris sur la vache.

Va-che, *s. f.* femelle du taureau.

Va-gue, *s. f.* flot.

Va-gue, *a.* indéfini, inculte.

Va-guer, *v. a.* errer çà et là.

Vail-lant, *a.* courageux.

Vain-cre, *v. a.* remporter une victoire, surmonter.

Vain-cu, *a.* battu, perdu.

Vain-queur, *s. m.* qui a gagné.

LEÇON LXXVII

Vais-seau, *s. m.* vase, bâtiment de guerre.

Va-let, *s. m.* domestique.

Va-leur, *s. f.* prix, courage, sens.

Va-loir, *v. n.* avoir un prix.

Val-se, *s. f.* sorte de danse.

Van-ne, *s. f.* écluse.

Van-ner, *v. a.* nettoyer avec le van.

Van-nier, *s. m.* qui travaille l'osier.

Van-tail, *s. m.* battant d'une porte.

Van-ter, *v. a.* louer.

Va-peur, *s. f.* fumée, émanation.

Va-quer, *v. n.* être vacant, s'occuper.

Va-rech, *s. m.* plante marine.

Va-se, *s. m.* vaisseau pour les liquides.

Va-se, *s. f.* boue.

Vas-sal, *s. m.* sujet d'un seigneur.

Vas-te, *a.* de grande étendue.

Vau-rien, *s. m.* mauvais sujet.

Ve-lours, *s. m.* étoffe.

LEÇON LXXVIII

Ven-dre, *v. a.* céder, trahir.

Ver-bal, *a.* de vive voix.

Ver-deur, *s. f.* séve, âcreté.

Ver-glas, *s. m.* pluie congelée.

Ver-meil, *s. m.* argent doré.

Ver-meil, *a.* rouge foncé.

Ver-nis, *s. m.* enduit brillant.

Ver-rat, *s. m.* pourceau mâle.

Ver-re, *s. m.* vase pour boire.

Ver-rier, *s. m.* ouvrier en verre.

Ver-rue, *s. f.* petite excroissance.

Ver-sé, *a.* expérimenté.

Ver-ser, *v. a.* répandre, tomber sur le côté.

Ver-ve, *s. f.* chaleur d'imagination.

Vê-tir, *v. a.* couvrir, s'habiller.

Veu-ve, *s. f.* femme dont le mari est mort.

Ve-xer, *v. a.* tourmenter.

Vian-de, *s. f.* chair à manger.

Vi-brer, *v. n.* trembler.

Vi-ce, *s. m.* dépravation, défaut.

Vi-de, *a.* qui n'est pas rempli.

LEÇON LXXIX

Vi-gie, *s. f.* sentinelle.

Vieil-lard, *s. m.* homme âgé.

Vieil-le, *s. f.* femme âgée.

Vieil-lir, *v. n.* devenir vieux.

Vi-gne, *s. f.* plant de raisin.

Vi-gueur, *s. f.* force, ardeur.

Vi-lain, *a.* laid, avare.

Vil-le, *s. f.* cité.

Vi-rer, *v. n.* tourner, changer.

Vier-ge, *s. f.* jeune fille, la mère de N. S. Jésus-Christ.

Vi-ser, *v. a.* tendre à...

Vi-te, *adv.* avec rapidité.

Vi-tre, *s. f.* carreau de verre.

Vi-vre, *v. n.* être en vie.

Vi-vres, *s. m. pl.* provisions.

Vi-zir, *s. m.* ministre turc.

Vo-gue, *s. f.* engouement, mode.

Voi-sin, *a.* proche.

Vo-te, *s. m.* vœu émis, suffrage.

Vou-loir, *s. m.* volonté.

Vou-loir, *v. a.* exiger, consentir.

Voû-te, *s. f.* arceau.

3

Voû-té, a. courbé.

Yeu-se, s. f. espèce de chêne.

Yo-le, s. f. canot léger.

Zè-bre, s. m. sorte d'âne rayé.

Zè-le, s. m. empressement, ardeur.

Zé-phir, s. m. vent doux.

Zé-ro, s. m. chiffre, rien, homme nul.

Zes=te, s. m. écorce de citron.

Zig-zag, s. m. lignes formant des angles aigus.

Zo-ne, s. f. division.

DIVISION III

Contenant les mots de trois syllabes.

LEÇON I

A-ban-don, s. m. délaissement.

Ab=bes=se, s. f. supérieure d'un couvent.

Ab=di=quer, v. a. renoncer.

A-beil-le, s. f. mouche à miel.

Ab-hor-rer, v. a. avoir en horreur.

A-bî-me, s. m. gouffre.

A-bî-mer, v. a. ruiner, détruire.

Ab-ju-rer, v. a. renoncer à...

A-bo-lir, v. a. annuler, casser.

A-bon-dant, a. riche, fertile.

A-bré-ger, v. a. rendre court.

A-bro-ger, v. a. annuler.

Ab-sen-ce, s. f. éloignement.

Ab-so-lu, a. impérieux.

Ab-sou-dre, v. n. décharger d'un crime.

Abs-te-nir (s'), v. p. se priver.

Ab-sur-de, a. contraire à la raison.

A-bu-sif, a. contraire aux règles.

Ac-ca-bler, v. a. abattre, surcharger.

Ac-cé-der, v. n. consentir.

LEÇON II

Ac-ci-dent, s. m. cas fortuit.

Ac-com-pli, a. achevé, parfait.

Ac-cou-pler, v. a. unir deux à deux.

Ac-cou-rir, v. n. venir en hâte.

Ac-cueil-lir, v. a. recevoir.

A-cer-be, a. sûr, âpre.

A-che-ter, v. a. acquérir à prix d'argent.

A-che-ver, v. a. terminer.

Ac-ti-on, s. f. tout ce qu'on fait.

Ac-ti-ver, v. a. accélérer.

Ac-tu-el, a. réel, présent.

A-da-ge, s. m. proverbe.

A-dep-te, a. initié.

Ad-hé-rent, a. attaché.

Ad-ja-cent, a. continu, proche.

A-dres-se, s. f. dextérité, pétition, indication.

Ad-ver-se, a. contraire.

A-é-ré, a. où il y a de l'air.

Af-fa-ble, a. doux, bienveillant.

LEÇON III

Af-fai-re, s. f. occupation.

Af-fi-che, s. f. placard public.

Af-flu-er, v. n. abonder.

A-ga-çant, a. qui irrite.

A-gen-cer, v. a. ajuster, arranger.

A-gi-le, a. vif, prompt.

A-go-nie, s. f. dernière lutte contre la mort.

A-gré-ment, s. m. plaisir, consentement.

A-gres-seur, s. m. qui attaque le premier.

A-gres-te, a. rustique.

Ai-gre-let, a. un peu aigre.

Ai-gret-te, s. f. panache.

Ai-guil-le s. f. outil pour coudre.

Ai-gui-ser, v. a. rendre plus tranchant.

Ai-ma-ble, a. agréable.

Ai-san-ce, s. f. facilité.

A-jus-ter, v. a. rendre juste, viser.

A-lar-me, s. f. frayeur, inquiétude.

Al-bâ-tre, s. m. marbre tendre.

Al-co-ol, s. m. esprit de vin.

LEÇON IV

A-ler-te, a. éveillé, vif.

A-li-ment, s. m. nourriture.

Al-lé-ger, v. a. soulager.

Al-lé-gir, v. a. rendre léger, diminuer.

Al-lè-gre, a. gai, dispos.

Al-lou-er, v. a. accorder.

Al-lu-re, s. f. façon de marcher.

Al-pha-bet, s. m. ordre des lettres d'une langue.

Al-té-rant, a. qui cause la soif.

Al-té-rer, v. a. falsifier, causer la soif.

Al-ter-ne, a. qui se succède.

Al-tes-se, s. f. titre d'honneur.

A-man-de, s. f. fruit.

A-ma-teur, s. m. qui a du goût.

Am-bi-ant, a. qui enveloppe.

Am-bi-gu, a. à double sens.

Am-bu-lant, a. qui n'est pas fixe.

A-men-de, s. f. peine pécuniaire.

A-men-der, v. a. rendre meilleur.

A-meu-blir, v. a. rendre une terre plus légère.

LEÇON V

A-mi-ral, s. m. grand officier de marine.

Am-nis-tie, s. f. pardon général.

Am-phi-bie, a. qui vit sur la terre et dans l'eau.

Am-pou-lé, a. exagéré.

An-cê-tres, s. m. pl. aïeux.

An-gi-ne, s. f. mal de gorge.

An-gois-se, s. f. grande affliction.

An-gu-leux, a. qui a des angles.

An-ar-chie, s. f. état sans gouvernement.

À-ni-mal, *s. m.* être organisé et sensible.

A-ni-mer, *v. a.* donner la vie, exciter.

An-na-les, *s. f. pl.* histoire par années.

An-nex-er, *v. a.* joindre.

An-non-ce, *s. f.* avis au public.

A-no-mal, *a.* irrégulier.

An-te-christ, *s. m.* ennemi de N. S. Jésus-Christ.

An-ti-que, *a.* fort ancien.

An-xié-té, *s. f.* peine, embarras.

A-pa-thie, *s. f.* indolence.

A-per-çu, *s. m.* première vue.

LEÇON VI

A-pô-tre, *s. m.* disciple de N. S. Jésus-Christ.

Ap-pa-rat, *s. m.* éclat, pompe.

Ap-pa-reil, *s. m.* apprêt.

Ap-pa-rent, *a.* visible.

Ap-pé-tit, *s. m.* faim, désir.

Ap-pren-dre, *v. a.* étudier, enseigner.

A-que-duc, *s. m.* espèce de canal.

A-qui-lon, *s. m.* vent du nord.

A-ra-ble, *a.* labourable.

Ar-bris-seau, *s. m.* petit arbre.

Ar-chi-pel, *s. m.* mer semée d'îles.

Ar-chi-ves, *s. m. pl.* anciens titres.

A-rè-ne, *s. f.* amphithéâtre.

A-rê-te, *s. f.* os de poisson.

Ar-gi-le, *s. f.* terre grasse.

Ar-gu-ment, *s. m.* raisonnement.

A-ri-de, *a.* sec, stérile.

Ar-ma-teur, *s. m.* qui équipe un navire.

Ar-rê-té, *s. m.* règlement.

Ar-rié-rer, *v. a.* différer, rester en arrière.

Ar-ri-ver, *v. n.* parvenir à...

Ar-ro-gant, *a.* hautain.

LEÇON VII

Ar-ro-ger (s'), *v. p.* s'attribuer.

Ar-ron-dir, *v. a.* rendre rond, *v. p.* augmenter son bien.

Ar-se-nal, *s. m.* magasin d'armes.

Ar-se-nic, *s. m.* poison.

Ar-ti-san, *s. m.* ouvrier.

Ar-tis-te, *s. m.* qui cultive les arts.

As-cen-dant, *s. m.* pouvoir, *pl.* ceux dont on est né.

A-si-le, *s. m.* refuge, abri.

As-per-ge, *s. f.* plante.

As-per-ger, *v. a.* arroser.

As-phal-te, *s. m.* bitume.

As-sail-lant, *s. m.* qui attaque.

As-sas-sin, *s. m.* meurtrier.

As-si-du, *a.* exact.

As-sis-tant, *a.* présent.

As-trein-dre, *v. a.* assujettir.

As-tu-ce, *s. f.* finesse.

A-thlè-te, *s. m.* lutteur.

A-to-me, *s. m.* corps indivisible.

A-to-nie, *s. f.* faiblesse.

A-tro-ce, *a.* cruel, énorme.

LEÇON VIII

At-ta-che, *s. f.* lien.

At-ta-que, *s. f.* combat, agres-
sion.

At-ten-tat, *s. m.* atteinte, crime.

At-ten-te, *s. f.* espérance.

At-ten-tif, *a.* appliqué.

At-tes-ter, *v. a.* certifier.

At-trac-tif, *a.* qui attire.

At-tri-but, *s. m.* symbole.

Au-da-ce, *s. f.* hardiesse exces-
sive.

Au-li-que, *a.* de la cour.

Au-mô-ne, *s. f.* ce qu'on donne
aux pauvres.

Au-ro-re, *s. f.* lumière qui précède le lever du soleil.

Au-to-psie, *s. f.* examen d'un
corps.

A-van-ce, *s. f.* saillir, anticipa-
tion.

A-vant-quart, *s. m.* coup avant
l'heure.

A-va-re, *a.* avide d'argent, intéressé.

A-va-rie, *s. f.* dommage arrivé
à un navire.

A-vein-dre, *v. a.* tirer une
chose de sa place.

A-ve-nir, *s. m.* temps futur.

A-ver-se, *s. f.* pluie subite.

A-veu-gle, *s. a.* privé de la vue.

A-vi-lir, *v. a.* déprécier.

LEÇON IX

A-vi-sé, *a.* prudent.

A-vo-cat, *s. m.* défenseur.

A-vou-é, *s. m.* homme de loi.

A-vou-er, *v. a.* confesser.

Ba-bil-ler, *v. n.* caqueter.

Bac-cha-nal, *s. m.* grand bruit.

Ba-di-ne, *s. f.* baguette.

Ba-di-ner, *v. n.* plaisanter.

Ba-ga-ge, *s. m.* effets de voyage.

Ba-gar-re, *s. f.* embarras.

Bai-gnoi-re, *s. f.* cuve pour le
bain.

Ba-la-din, *s. m.* farceur.

Ba-la-fre, *s. f.* cicatrice au visage.

Ba-lan-ce, *s. f.* instrument de
pesage.

Bal-da-quin, *s. m.* dais.

Ba-lei-ne, *s. f.* cétacé.

Ba-li-se, *s. f.* marque des
écueils.

Bal-la-de, *s. f.* ancienne poésie
française.

Bal-lot-ter, *v. a.* tenir en sus-
pend.

Ba-lus-tre, *s. m.* pilier façonné.

LEÇON X

Ban-niè-re, *s. f.* étendard.

Ban-quet-te, *s. f.* banc ram-
bouré.

Bap-tê-me, *s. m.* cérémonie
religieuse.

Ba-ra-que, *s. f.* hutte.

Bar-ba-re, *a.* cruel, sauvage.

Bar-ba-rie, *s. f.* cruauté.

Bar-gui-gner, *v. n.* hésiter.

Ba-ro-que, *a.* singulier, bizarre.

Bar-ri-que, *s. f.* gros tonneau.

Bas-cu-le, *s. f.* contrepoids.

Bas-se-cour, *s. f.* cour pour la volaille.

Bas-ses-se, *s. f.* action vile.

Bas-til-le, *s. f.* château fort.

Bas-ti-on, *s. m.* partie d'un fort.

Ba-tail-le, *s. f.* combat général.

Beau-pè-re, *s. m.* père par alliance.

Ben-ja-min, *s. m.* enfant préféré.

Bé-quil-le, *s. f.* bâton pour infirme.

Be-sa-ce, *s. f.* sac à deux poches.

Bé-si-cles, *s. m. pl.* lunettes.

Be-so-gne, *s. f.* ouvrage.

Bê-ti-se, *s. f.* stupidité.

LEÇON XI

Bi-ma-ne, *a.* qui a deux mains.

Bi-no-cle, *s. m.* pince-nez.

Bi-pè-de, *a.* qui a deux pieds.

Bis-cor-nu, *a.* baroque.

Bi-zar-re, *a.* extraordinaire.

Blas-phè-me, *s. m.* parole impie.

Bles-su-re, *s. f.* plaie.

Bo-ca-ge, *s. m.* petit bois.

Bom-ban-ce, *s. f.* bonne chère.

Bor-de-reau, *s. m.* mémoire, liste.

Bouf-fet-te, *s. f.* nœud.

Bou-gon-ner, *v. a.* gronder entre ses dents.

Bou-qui-ner, *v. n.* chercher les vieux livres.

Bour-ras-que, *s. f.* vent impétueux.

Bour-re-ler, *v. a.* tourmenter.

Bour-re-lier, *s. m.* harnacheur.

Bour-ri-che, *s. f.* sorte de panier.

Bour-ri-que, *s. f.* ânesse.

Bour-souf-fler, *v. a.* enfler.

Bous-cu-ler, *v. a.* pousser, renverser.

Bous-so-le, *s. f.* aiguille aimantée.

Bou-ta-de, *s. f.* caprice.

LEÇON XII

Bra-con-ner, *v. n.* chasser sans permis.

Bran-cha-ge, *s. m.* branches d'arbres.

Bran-le-bas, *s. m.* terme de marine, préparatifs pour le combat.

Bra-vou-re, *s. f.* grand courage.

Bri-ga-de, *s. f.* troupe de cavalerie.

Bro-can-ter, *v. a.* troquer.

Brou-ha-ha, *s. m.* bruit confus.

Brous-sail-les, *s. f. pl.* buissons, ronces.

Brû-lu-re, *s. f.* marque du feu.

Bû-che-ron, *s. m.* qui abat le bois.

Bul-le-tin, *s. m.* écrit, billet.

Bur-les-que, *a.* plaisant, drôle.

Ca-ba-ne, *s. f.* hutte.

Ca-ca-o, *s. m.* fruit dont on fait le chocolat.

Ca-das-tre, *s. m.* état des biens-fonds.

Ca-da-vre, *s. m.* corps mort.

Ca-den-ce, *s. f.* mesure.

Ca-jo-ler, *v. a.* flatter.

Ca-lai-son, *s. f.* profondeur du navire.

Cal-feu-trer, *v. a.* boucher les fentes.

Ca-li-ce, *s. m.* vase sacré, partie d'une fleur.

Câ-li-ner, *v. a.* caresser.

LEÇON XIII

Ca-lom-nie, *s. f.* fausse imputation.

Cal-vai-re, *s. m.* lieu surmonté d'une croix.

Cal-vi-tie, *s. f.* état d'une tête chauve.

Cam-pa-gne, *s. f.* champs.

Can-di-dat, *s. m.* aspirant à...

Can-di-de, *a.* innocent.

Ca-ni-che, *s. m.* sorte de chien.

Can-ta-loup, *s. m.* melon.

Can-ta-te, *s. f.* poëme lyrique.

Can-ti-ne, *s. f.* buvette militaire.

Ca-out-chouc, *s. m.* résine.

Ca-pa-ble, *a.* habile.

Ca-pri-ce, *s. m.* fantaisie.

Cap-ti-ver, *v. a.* gagner.

Car-di-nal, *s. m.* membre du sacré collége.

Ca-rê-me, *s. m.* temps d'abstinence.

Car-gai-son, *s. f.* charge.

Car-na-ge, *s. m.* massacre.

Car-rou-sel, *s. m.* tournoi.

Cas-ca-de, *s. f.* chute d'eau.

Cau-che-mar, *s. m.* oppression en dormant.

LEÇON XIV

Ca-va-lier, *s. m.* homme à cheval.

Cé-ci-té, *s. f.* état d'un aveugle.

Cé-lè-bre, *a.* fameux.

Cé-les-te, *a.* du ciel.

Cen-su-re, *s. f.* correction.

Cen-ti-me, *s. m.* centième partie d'un franc.

Cen-tu-ple, *a.* cent fois autant.

Cé-su-re, *s. f.* repos dans un vers.

Cha-mar-rer, *v. a.* orner.

Cham-pa-gne, *s. m.* vin mousseux.

Cham-pê-tre, *a.* des champs.

Cham-pi-on, *s. m.* combattant.

Chan-ce-ler, *v. n.* n'être pas ferme.

Cha-pe-let, *s. m.* grains enfilés.

Cha-pel-le, *s. f.* petite église.

Cha-pi-tre, *s. m.* titre d'un livre, corps des chanoines.

Cha-ra-de, *s. f.* énigme.

Cha-ri-té, *s. f.* amour des pauvres.

Char-la-tan, *s. m.* imposteur.

Chas-te-té, *s. f.* pudeur.

Chat-hu-ant, *s. m.* sorte de hibou.

Châ-ti-er, *v. a.* corriger, punir.

Cha-touil-leux, *a.* sensible, susceptible.

Cha-vi-rer, *v. a.* renverser.

LEÇON XV

Chef-d'œu-vre, *s. m.* ouvrage parfait.

Che-va-lier, *s. m.* titre.

Che-vro-ter, *v. a.* chanter en tremblotant.

Chi-ca-ne, *s. f.* mauvaise querelle.

Chi-rur-gie, *s. f.* art d'opérer sur l'homme.

Cho-lé-ra, *s. m.* maladie.

Chô-ma-ge, *s. m.* temps d'arrêt.

Chré-tien-té, *s. f.* tous les pays chrétiens.

Christ (Jésus), le fils de Dieu.

Chro-ni-que, *s. f.* histoire.

Chu-cho-ter, *v. n.* parler bas à l'oreille.

Ci-boi-re, *s. m.* vase sacré.

Ci-ga-re, *s. m.* tabac roulé.

Cin-gla-ge, *s. m.* chemin d'un navire en 24 heures.

Cir-cons-pect, *a.* prudent.

Ci-ta-din, *s. m.* bourgeois d'une ville.

Ci-ter-ne, *s. f.* réservoir d'eau de pluie.

Ci-viè-re, *s. f.* brancard.

Ci-vi-que, *a.* de citoyen.

Ci-vis-me, *s. m.* patriotisme.

Clai-re-voie, *s. f.* ouverture.

LEÇON XVI

Clan-des-tin, *a.* secret et contre la loi.

Clé-men-ce, *s. f.* penchant à pardonner.

Clo-che-pied, *loc. adv.* sur un pied.

Co-ail-le, *s. f.* laine de la queue des brebis.

Co-as-ser, *v. n.* crier; se dit des grenouilles.

Cof-fre-fort, *s. m.* caisse pour l'argent.

Co-hé-rent, *a.* lié.

Col-lec-te, *s. f.* quête.

Col-lo-que, *s. m.* discours.

Col-lo-quer, *v. a.* placer.

Co-lo-nel, *s. m.* chef d'un régiment.

Co-los-sal, *a.* immense.

Com-bi-ner, *v. a.* mêler, arranger.

Co-mé-die, *s. f.* pièce comique.

Co-mè-te, *s. f.* planète avec queue.

Co-mi-que, *a.* plaisant.

Co-mi-té, *s. m.* réunion.

Com-man-der, *v. a.* ordonner.

Com-men-ter, *v. a.* interpréter.

Com-mer-ce, *s. m.* négoce, trafic.

LEÇON XVII

Com-mu-er, *v. a.* changer.

Com-pa-gnon, *s. m.* camarade, ouvrier.

Com-pa-rer, *v. a.* examiner.

Com-plain-te, *s. f.* chant plaintif.

Com-plai-sant, *a.* obligeant.

Com-pli-ment, *s. m.* félicitation.

Com-pli-qué, *a.* complexe, embrouillé.

Com-pro-mis, *s. m.* convention.

Com-pul-ser, *v. a.* parcourir.

Con-cier-ge, *s. m.* gardien d'une porte.

Con-ci-le, *s. m.* assemblée d'évêques.

Con-cla-ve, *s. m.* assemblée de cardinaux.

Con-clu-ant, *a.* qui prouve.

Con-cordat, *s. m.* transaction.

Con-cor-de, *s. f.* bonne intelligence.

Con-dam-ner, *v. a.* juger contre.

Con-fi-dent, *a.* à qui l'on confie.

Con-fis-quer, *v. a.* s'emparer.

Con-for-me, *a.* convenable.

Con-frè-re, *s. m.* du même corps.

Con-fré-rie, *s. f.* association religieuse.

Con-ju-gal, *a.* du mariage.

LEÇON XVIII

Con-ju-rer, *v. a.* prier, exorciser, conspirer.

Con-naî-tre, *v. a.* savoir.

Con-qué-rir, *v. a.* prendre par les armes.

Con-sen-tir, *v. n.* adhérer.

Con-sé-quent, *a.* logique.

Con-stan-ce, *s. f.* persévérance.

Con-sta-ter, *v. a.* prouver.

Con-su-mer, *v. a.* réduire à rien.

Con-te-nu, *s. m.* capacité.

Con-tes-ter, *v. a.* disputer.

Con-ti-gu, *a.* qui touche.

Con-ti-nu, *a.* non interrompu.

Con-train-dre, *v. a.* forcer.

Con-trai-re, *a.* opposé.

Con-tre-fait, *a.* falsifié, difforme.

Con-tre-fort, *s. m.* mur d'appui.

Con-trô-le, *s. m.* censure, marque.

Con-vain-cre, *v. a.* persuader.

Con-voi-ter, *v. a.* désirer.

Con-vo-ler, *v. n.* se remarier.

Co-pi-eux, *a.* abondant.

LEÇON XIX

Cor-beil-le, *s. f.* panier.

Cor-don-nier, *s. m.* qui fait des souliers.

Cor-pu-lent, *a.* gros et gras.

Cor-rec-tif, *a.* qui corrige.

Cor-ro-dant, *a.* qui ronge.

Cor-rom-pre, *v. a.* gâter, séduire.

Cor-té-ge, *s. m.* suite.

Cou-pa-ble, *a.* fautif.

Cou-po-le, *s. f.* intérieur d'un dôme.

Cou-ron-ner, *v. a.* mettre une couronne, perfectionner.

Cour-toi-sie, *s. f.* civilité.

Cou-tu-me, *s. f.* usage.

Cra-moi-si, *a.* rouge vif.

Cré-a-teur, *s. m.* auteur.

Cré-du-le, *a.* qui croit facilement.

3.

Cré-o-le, *a.* né dans les colonies.

Cre-vas-se, *s. f.* fente.

Croi-sa-de, *s. f.* guerre pour la
conquête des lieux saints.

Crois-san-ce, *s. f.* action de
croître.

Cru-au-té, *s. f.* férocité.

Cru-ci-al, *a.* en croix.

Cru-ci-fix, *s. m.* figure de N. S.
Jésus-Christ en croix.

Cui-ras-se, *s. f.* armure de fer.

Cul-bu-ter, *v. a.* tomber, détruire.

LEÇON XX

Cul-ti-ver, *v. a.* travailler.

Cu-pi-de, *a.* désireux, avide.

Cu-ra-tif, *a.* propre à guérir.

Cy-clo-pe, *s. m.* qui a un seul
œil.

Cy-ni-que, *a.* obscène.

Dé-ba-cle, *s. f.* rupture des
glaces.

Dé-bar-quer, *v. n.* sortir d'un
vaisseau.

Dé-bi-le, *a.* faible.

Dé-bi-tant, *s. m.* qui vend en
détail.

Dé-boi-re, *s. m.* chagrin, dé-
goût.

Dé-bou-ché, *s. m.* issue.

Dé-bus-quer, *v. a.* chasser
d'un poste.

Dé-cé-der, *v. n.* mourir.

Dé-cé-ler, *v. a.* découvrir.

Dé-cen-ce, *s. f.* bienséance.

Dé-cen-nal, *a.* de dix ans.

Dé-char-né, *a.* fort maigre.

Dé-chif-frer, *v. a.* parvenir à
lire.

Dé-chi-rer, *v. a.* mettre en
pièces.

Dé-ci-der, *v. a.* juger, résoudre.

Dé-cla-mer, *v. a.* réciter à haute
voix, parler contre.

LEÇON XXI

Dé-cla-rer, *v. a.* annoncer.

Dé-cli-ner, *v. n.* déchoir.

Dé-cré-pit, *a.* vieux et cassé.

Dé-cri-er, *v. a.* décréditer.

Dé-cu-ple, *a.* dix fois autant.

Dé-dai-gneux, *a.* méprisant.

Dé-di-er, *v. a.* consacrer, adresser.

Dé-dui-re, *v. a.* rabattre.

Dé-es-se, *s. f.* divinité de la
fable.

Dé-fai-te, *s. f.* déroute.

Dé-fal-quer, *v. a.* réduire.

Dé-fen-se, protection, prohibi-
tion.

Dé-fi-cit, *s. m.* ce qui manque.

Dé-fi-er, *v. a.* provoquer.

Dé-fi-lé, *s. m.* passage étroit.

Dé-fi-ni, *a.* déterminé.

Dé-ga-gé, *a.* libre, aisé.

Dé-gour-di, *a.* éveillé, rusé.

Dé-goû-ter, *v. n.* avoir de la
répugnance.

Dé-gout-ter, *v. n.* tomber goutte
à goutte.

LEÇON XXII

Dé-gra-der, v, a. destituer, avilir, faire du dégât.

Dé-la-bré, a. en mauvais état.

Dé-li-ces, s. m. plaisir, f. au pl.

Dé-lin-quant, s. m. qui commet un délit.

Dé-li-re, s. m. égarement, transport.

Dé-lu-ge, s. m. inondation.

Dé-mar-che, s. f. allure, tentative.

Dé-mê-lé, s. m. querelle.

Dé-mê-ler, v, a. débrouiller.

Dé-men-ce, s. f. folie.

De-meu-re, s. f. domicile.

Dé-nû-ment, s. m. manque absolu.

Dé-pê-cher, v. a. expédier, hâter.

Dé-pen-se, s. f. emploi d'argent.

Dé-plai-sant, a. désagréable.

Dé-pouil-le, s. f. peau; pl. butin.

Dé-pra-vé, a. corrompu.

Dé-pri-mé, a. affaissé.

De-re-chef, adv. de nouveau.

Dé-rou-te, s. f. fuite de troupes.

Dé-rou-ter, v. a. déconcerter.

LEÇON XXIII

Dé-sar-roi, s, m, désordre, ruine.

Dé-sas-tre, s. m. grand malheur.

Dé-sa-veu, s. m. dénégation.

Des-cen-dants, s, m, pl. postérité.

Dé-ses-poir, s. m. chagrin violent.

Dé-sis-ter (se), v. p. renoncer à.

Dé-sœu-vré, a. qui ne sait s'occuper.

Dé-sor-dre, s. m. trouble, dégât.

Des-po-te, s. m. souverain absolu.

Dé-te-nu, s. m. prisonnier.

Dé-ter-rer, v. a. exhumer, découvrir.

Dé-tes-ter, v. a. avoir en horreur.

Dé-trac-teur, s. m. médisant.

Dé-tres-se, s. f. grand danger, besoin extrême.

Dé-tri-ment, s. m. préjudice.

De-vi-se, s. f. allégorie, maxime.

Dé-vou-é, a. très-attaché.

Di-a-mant, s. m. pierre précieuse.

Di-a-pré, a. varié de couleurs.

Dic-ti-on, s. f. élocution.

Dif-fé-rend, s. m. débat.

LEÇON XXIV

Dif-fé-rent, a. divers.

Dif-for-me, a, mal fait.

Di-gi-té, a. qui a des doigts.

Di-gni-té, s. f. mérite, charge.

Di-li-gent, a, prompt.

Di-man-che, s. m. jour de repos des chrétiens.

Dis-ci-ple, s. m. élève, sectateur.

Dis-cor-de, s. f. dissension.

Di-set-te, s. f. manque de vivres.

Dis-grâ-ce, *s. f.* défaveur, malheur.

Dis-lo-quer, *v. a.* démettre.

Dis-pen-se, *s. f.* exemption, permission.

Dis-pu-te, *s. f.* débat.

Dis-si-dent, *s. m.* qui fait scission.

Dis-so-lu, *a.* débauché.

Dis-sol-vant, *a.* qui dissout.

Dis-tan-ce, *s. f.* intervalle, difrence.

Dis-tinc-tif, *a.* qui distingue.

Di-ver-gent, *a.* qui s'écarte.

Di-vor-ce, *s. m.* rupture d'un mariage.

LEÇON XXV

Do-ci-le, *a.* doux, soumis.

Doc-tri-ne, *s. f.* maxime, savoir.

Do-cu-ment, *s. m.* renseignement.

Dom-ma-ge, *s. m.* perte, dégât.

Do-ri-que, *a.* ordre d'architecture.

Dru-i-de, *s. m.* prêtre gaulois.

Du-ches-se, *s. f.* femme d'un duc.

Duc-ti-le, *a.* malléable.

Du-net-te, *s. f.* le haut de la poupe.

Du-ra-ble, *a.* qui doit durer.

Du-re-té, *s. f.* fermeté, rudesse, inhumanité.

Dy-nas-tie, *s. f.* suite de rois.

Eau-de-vie, *s. f.* liqueur spiritueuse.

É-bau-che, *s. f.* esquisse.

É-bè-ne, *s. m.* bois noir.

É-cail-le, *s. f.* coque de poisson, de tortue.

É-chan-ge, *s. m.* troc.

É-chan-son, *s. m.* celui qui sert à boire.

É-char-pe, *s. f.* bande d'étoffe.

É-char-per, *v. a.* tailler en pièces.

É-chel-le, *s. f.* escalier portatif.

É-che-lon, *s. m.* degré d'échelle.

É-clai-ré, *a.* clair, savant.

LEÇON XXVI

É-co-le, *s. f.* collége, faute, secte.

É-cor-ce, *s. f.* enveloppe des arbres.

É-cri-re, *v. a.* tracer des lettres, composer.

É-cri-vain, *s. m.* auteur.

É-cu-me, *s. f.* mousse d'un liquide.

É-cus-son, *s. m.* écu des armoiries.

É-di-teur, *s. m.* qui publie un livre.

É-dre-don, *s. m.* duvet très-fin.

Ef-fec-tif, *a.* réel.

Ef-fleu-rer, *v. a.* toucher légèrement.

Ef-fré-né, *a.* sans frein.

Ef-fron-té, *a.* impudent.

É-gi-de, *s. f.* bouclier, défense.

É-gli-se, *s. f.* temple chrétien.

É-lan-cé, *a.* mince.

É-lan-cer, *v. n.* causer des élancements.

É-lé-gie, *s. f.* poëme triste.

É-lè-ve, *s. m.* écolier, disciple.

É-le-ver, *v. a.* hausser, instruire, nourrir.

É-li-te, *s. f.* choix de ce qu'il y a de meilleur.

É-li-xir, *s. m.* liqueur spiri-tueuse.

É-lo-ge, *s. m.* louange.

É-lo-quent, *a.* qui parle bien.

LEÇON XXVII

É-lu-der, *v. a.* éviter avec adresse.

É-ma-ner, *v. n.* découler, sortir.

Em-bar-ras, *s. m.* obstacle, peine.

Em-blè-me, *s. m.* symbole.

Em-bra-ser, *v. a.* mettre en feu.

Em-bras-ser, *v. a.* serrer dans ses bras.

Em-bû-che, *s. f.* piége.

É-meu-te, *s. f.* soulèvement populaire.

É-mi-grer, *v. n.* abandonner son pays.

É-mi-nent, *a.* élevé.

É-mou-voir, *v. a.* attendrir.

Em-pê-cher, *v. a.* s'opposer.

Em-pi-re, *s. m.* règne, puis-sance.

Em-pi-rer, *v. n.* devenir pire.

Em-por-té, *a.* violent, colère.

Em-prein-te, *s. f.* impression.

Em-pres-sé, *a.* zélé.

Em-prun-té, *a.* embarrassé.

Em-prun-ter, *v. a.* recevoir en prêt.

En-du-rant, *a.* patient.

É-ner-ver, *v. a.* affaiblir.

LEÇON XXVIII

En-glo-ber, *v. a.* réunir en un tout.

En-goue-ment, *s. m.* admiration outrée, préférence.

En-i-vrer, *v. a.* rendre ivre, charmer.

En-jou-é, *a.* gai, badin.

En-ne-mi, *s. m.* adversaire.

É-nor-me, *a.* démesuré, ex-cessif.

En-quê-te, *s. f.* recherche.

En-ten-du, *a.* habile.

En-trail-les, *s. f. pl.* les intes-tins.

En-tra-ves, *s. f. pl.* obstacles.

En-tre-pôt, *s. m.* lieu de dépôt.

En-va-hir, *v. a.* usurper.

É-par-gne, *s. f.* économie.

É-pî-tre, *s. f.* lettre.

É-plo-ré, *a.* tout en pleurs.

É-pon-ge, *s. f.* plante marine.

É-pon-ger, *v. a.* nettoyer.

É-po-que, *s. f.* date.

É-preu-ve, *s. f.* expérience, essai.

É-ques-tre, *a.* (statue) à cheval.

É-qui-té, *s. f.* justice, droiture.

Er-mi-te, *s. m.* solitaire.

É-ru-dit, *s. m.* savant.

Es-ca-dre, *s. f.* flotte de guerre.

Es-ca-dron, *s. m.* corps de ca-valerie.

LEÇON XXIX

Es-car-pé, *a.* à pente roide.

Es-pa-ce, *s. m.* étendue, intervalle.

Es-pè-ce, *s. f.* sorte, classe.

Es-piè-gle, *a.* vif, malin.

Es-ti-me, *s. f.* considération.

É-tan-cher, *v. a.* arrêter l'écoulement.

É-ten-due, *s. f.* dimension.

É-ti-que, *a.* décharné.

É-ton-nant, *a.* surprenant.

É-tran-ge, *a.* bizarre, singulier.

É-tran-ger, *a.* d'un autre pays, qui n'a aucun rapport à....

É-trein-te, *s. f.* action de serrer.

Eu-pho-nie, *s. f.* douceur de son.

É-vê-que, *s. m.* chef d'un diocèse.

É-vi-dent, *a.* manifeste.

É-vo-quer, *v. a.* appeler, faire apparaître.

Ex-al-té, *a.* enthousiaste.

Ex-a-men, *s. m.* recherche, interrogatoire.

Ex-ces-sif, *a.* qui sort des bornes.

Ex-clu-re, *v. a.* repousser.

LEÇON XXX

Ex-cu-se, *s. f.* raison pour.

Ex-é-crer, *v. a.* détester.

Ex-em-ple, *s. m.* modèle.

Ex-emp-ter, *v. a.* dispenser de.

Ex-hi-ber, *v. a.* montrer.

Ex-i-ger, *v. a.* forcer.

Ex-i-gu, *a.* très-petit.

Ex-is-ter, *v. n.* avoir l'être.

Ex-pres-sif, *a.* énergique.

Ex-ta-se. *s. f.* ravissement.

Ex-ter-ne, *a.* du dehors.

Ex-trê-me, *a.* opposé, excessif.

Ex-vo-to, *s. m.* offrande d'après un vœu.

Fa-bli-au, *s. m.* conte en vers.

Fa-bri-cant, *s. m.* qui fabrique.

Fa-bri-que, *s. f.* manufacture, usine.

Fa-bu-leux, *a.* inventé.

Fa-ça-de, *s. f.* frontispice.

Fa-cé-tie, *s. f.* plaisanterie.

Fa-ci-le, *a.* aisé.

LEÇON XXXI

Fa-cul-té, *s. f.* pouvoir.

Fai-bles-se, *s. f.* manque de force.

Fail-li-ble, *a.* qui peut se tromper.

Fa-lai-se, *s. f.* côte escarpée.

Fa-mi-lier, *a.* intime.

Fa-mi-ne, *s. f.* disette générale.

Fan-tai-sie, *s. f.* caprice.

Fan-tô-me, *s. m.* vision.

Fa-rou-che, *a.* sauvage.

Fas-ci-ne, *s. f.* branchage.

Fas-ci-ner, *v. a.* éblouir.

Fas-tu-eux, *a.* qui aime le faste.

Fa-ti-gant, *a.* pénible, ennuyeux.

Faus-se-té, *s. f.* mensonge, erreur.

Fa-vo-ri, *a.* préféré.

Fer-ma-ge, s. m. louage d'une ferme.

Fer-me-té, s. f. courage, dureté.

Fé-ro-ce, a. cruel.

Fer-ti-le, a. fécond, productif.

Fi-cel-le, s. f. petite corde.

Fic-ti-on, s. f. fable.

LEÇON XXXII

Fi-dè-le, a. attaché, vrai.

Fi-gu-re, s. f. effigie, face.

Fi-las-se, s. f. chanvre ou lin broyé.

Fla-nel-le, s. f. étoffe de laine.

Fle-xi-ble, a. souple.

Flo-ris-sant, a. brillant, prospère.

Fo-lâ-tre, a. enjoué, badin.

Fon-de-ment, s. m. raison, cause, base.

Fon-tai-ne, s. f. source, réservoir.

Fo-res-tier, a. concernant les forêts.

For-mu-le, s. f. ordonnance, recette.

For-tu-ne, s. f. hasard, richesse.

Four-mil-ler, v. n. abonder.

Four-nai-se, s. f. grand four.

Frac-tu-re, s. f. cassure d'un os.

Fra-gi-le, a. frêle, faible.

Fram-boi-se, s. f. fruit.

Fré-ga-te, s. f. vaisseau de guerre.

Fric-ti-on, s. f. frottement de la peau.

Fri-vo-le, a. futile.

Fu-gi-tif, a. qui fuit hors de son pays.

LEÇON XXXIII

Fu-nè-bre, a. qui concerne les funérailles, triste, lugubre.

Fu-nes-te, a. sinistre, malheureux.

Fu-ti-le, a. vain, frivole.

Ga-ba-re, s. f. sorte de bateau.

Ga-ba-rit, s. m. modèle.

Ga-bel-le, s. f. impôt sur le sel.

Ga-geu-re, s. f. pari.

Ga-lè-re, s. f. vaisseau à rames.

Ga-le-rie, s. f. chemin couvert.

Ga-lè-res, s. f. pl. travaux forcés.

Ga-le-tas, s. m. taudis.

Ga-let-te, s. f. gâteau plat.

Gal-li-can, a. français.

Ga-lo-che, s. f. chaussures en bois.

Ga-lo-pin, s. m. vaurien.

Gam-ba-de, s. f. saut.

Ga-mel-le, s. f. écuelle de bois.

Gan-grè-ne, s. f. corruption.

Gan-te-let, s. m. gant de fer.

LEÇON XXXIV

Ga-ran-tie, s. f. caution.

Gar-cet-tes, s. f. pl. petites cordes.

Gar-de-fou, s. m. balustrade.

Gar-gouil-le, s. f. gouttière de pierre.

Gar-gous-se, s. f. charge de canon.

Gar-ni-son, *s. f.* garde militaire d'une ville.

Gar-rot-ter, *v. a.* lier fortement.

Gas-pil-ler, *v. a.* dissiper, prodiguer.

Ga-vot-te, *s. f.* sorte de danse.

Ga-zet-te, *s. f.* journal.

Gé-né-ral, *s. m.* chef d'armée.

Gé-né-reux, *a.* libéral, bienfaisant.

Gé-nis-se, *s. f.* jeune vache.

Ges-ti-on, *s. f.* administration.

Gi-bou-lée, *s. f.* pluie mêlée de grêle.

Gi-got-ter, *v. n.* remuer les jambes.

Glo-ri-eux, *a.* honorable, vain.

Go-be-let, *s. m.* vase pourboire.

Go-be-lins, *s. m. pl.* manufacture impériale des tapis.

Go-gue-nard, *a.* railleur.

Gon-do-le, *s. f.* bateau.

Go-thi-que, *a.* ancien.

Gour-man-der, *v. a.* gronder.

LEÇON XXXV

Gou-ver-nail, *s. m.* timon de navire.

Gou-ver-ner, *v. a.* diriger.

Gra-ci-eux, *a.* aimable, gentil.

Gram-mai-re, *s. f.* règles du langage.

Gra-vi-té, *s. f.* pesanteur, importance.

Gre-na-de, *s. f.* fruit, boulet creux.

Gré-ne-tier, *s. m.* marchand de graines.

Gre-nouil-le, *s. f.* animal.

Gri-ma-ce, *s. f.* contorsion.

Gri-moi-re, *s. m.* livre de magie.

Gro-gne-ment, *s. m.* cri du porc.

Gron-de-ment, *s. m.* bruit sourd.

Gru-me-leux, *a.* inégal.

Gue-nil-le, *s. f.* haillons, chiffon.

Guet-a-pens, *s. m.* embûche.

Guil-le-ret, *a.* éveillé, gai.

Gym-na-se, *s. m.* lieu d'exercice.

Ha-bi-le, *a.* capable.

Ha-bil-ler, *v. a.* vêtir.

Ha-bi-ter, *v. a.* demeurer.

LEÇON XXXVI

Ha-lei-ne, *s. f.* souffle, respiration.

*Ha-me-çon, *s. m.* croc pour pêcher.

*Han-ne-ton, *s. m.* insecte.

*Ha-ran-gue, *s. f.* discours.

*Ha-ras-ser, *v. a.* fatiguer à l'excès.

*Har-ce-ler, *v. a.* agacer, fatiguer.

*Ha-ri-cot, *s. m.* plante.

Har-mo-nie, *s. f.* accord, symétrie.

Har-pa-gon, *s. m.* avare.

*Ha-vre-sac, *s. m.* sac de soldat.

Hé-ber-ger, *v. a.* loger chez soi.

Hé-bé-té, *a.* stupide, abruti.

Hec-ta-re, *s. m.* cent ares.

Hé-gi-re, *s. f.* ère turque.

Her-ba-cé, *a.* plante non ligneuse.

Her-ba-ge, *s. m.* pré qu'on ne fauche pas.

Hé-ré-sie, *s. f.* doctrine, erronée.

*Hé-ris-ser (se), *v. p.* se dresser; se dit du poil.

*Hé-ris-son, *s. m.* quadrupède.

Hé-ri-ter, *v. a.* avoir par succession.

Hé-si-ter, *v. n.* être incertain.

LEÇON XXXVII

Hi-a-tus, *s. m.* choc de deux voyelles.

Hié-ar-chie, *s. f.* degrés des pouvoirs.

His-toi-re, *s. f.* récit, narration.

His-tri-on, *s. m.* bateleur.

Hom-ma-ge, *s. m.* salutation.

Hon-nê-te, *a.* probe, civil.

Ho-no-rer, *v. a.* respecter, estimer.

*Ho-ri-on, *s. m.* coup.

Hor-lo-ge, *s. f.* machine qui marque et sonne les heures.

Hor-ri-ble, *a.* qui fait horreur.

Hos-pi-ce, *s. m.* hôpital.

Hô-tel-Dieu, *s. m.* hôpital.

Hu-mec-ter, *v. a.* arroser, imbiber.

Hu-mi-de, *a.* qui est mouillé.

Hur-le-ment, *s. m.* cri du loup.

I-dé-al, *a.* chimérique.

I-do-le, *s. f.* faux dieu.

I-dyl-le, *s. f.* poëme champêtre.

I-gno-ble, *a.* bas, vil.

I-gno-rant, *a.* qui ne sait pas.

Il-lé-gal, *a.* contre la loi.

LEÇON XXXVIII

Il-lus-tre, *a.* célèbre.

I-ma-ge, *s. f.* figure, estampe.

Im-ber-be, *a.* sans barbe.

I-mi-ter, *v. a.* suivre pour modèle.

Im-men-se, *a.* sans borne.

Im-mi-nent, *a.* qui menace.

Im-mo-ler, *v. a.* sacrifier.

Im-mon-de, *a.* impur, sale.

Im-mo-ral, *a.* contraire aux mœurs.

Im-pas-se, *s. f.* lieu dont on ne peut sortir.

Im-pli-quer, *v. a.* engager.

Im-plo-rer, *v. a.* prier humblement.

Im-por-tant, *a.* considérable.

Im-por-tun, *a.* fâcheux.

Im-po-sant, *a.* sérieux, majestueux.

Im-po-ser, *v. a.* mettre un impôt; *v. n.* inspirer du respect.

Im-pré-vu, *a.* subit.

Im-pro-pre, *a.* non convenable.

Im-pru-dent, *a.* sans prudence.

LEÇON XXXIX

Im-pu-dent, *a.* effronté.

Im-pu-ter, *v. a.* attribuer.

In-cli-ner, *v. a.* baisser, pencher.

In-crus-ter, *v. a.* revêtir.

In-cul-per, *v. a.* accuser de.

In-cul-quer, *v. a.* graver dans l'esprit.

In-cu-rie, *s. f.* défaut de soin.

In-dé-cis, *a.* irrésolu.

In-di-ce, *s. m.* signe apparent.

In-di-gent, *s. m.* pauvre.

In-do-lent, *a.* nonchalant.

In-ep-te, *a.* sot, incapable.

In-er-te, *a.* sans activité.

In-fâ-me, *a.* indigne, atroce.

In-fa-mie, *s. f.* flétrissure.

In-fi-me, *a.* le plus bas.

In-fi-ni, *a.* sans borne.

In-fir-me, *a.* faible, malade.

In-fu-ser, *v. a.* faire tremper.

In-gé-nu, *a.* naïf, simple.

In-hu-main, *a.* cruel, dur.

In-hu-mer, *v. a.* enterrer.

LEÇON XL

I-ni-que, *a.* injuste.

In-ju-re, *s. f.* outrage, insulte.

In-no-cent, *a.* qui n'est pas coupable.

In-qui-et, *a.* agité.

In-si-gne, *a.* remarquable.

In-sis-ter, *v. a.* appuyer sur, persévérer.

In-so-lent, *a.* malhonnête, fier.

In-som-nie, *s. f.* privation de sommeil.

In-stan-ce, *s. f.* sollicitation.

In-té-gral, *a.* entier.

In-tè-gre, *a.* probe.

In-ten-dant, *s. m.* régisseur.

In-ter-ne, *a.* au dedans.

In-ti-me, *a.* très-lié.

In-tri-gue, *s. f.* menée, cabale.

In-ves-tir, *v. a.* installer, entourer.

In-vi-ter, *v. a.* engager à.

I-ro-nie, *s. f.* raillerie.

Ir-ri-ter, *v. a.* exciter, fâcher.

Ja-chè-re, *s. f.* terre en repos.

LEÇON XLI

Ja-cin-the, *s. f.* plante.

Ja-lou-sie, *s. f.* dépit du bonheur d'autrui.

Jac-tan-ce, *s. f.* vanterie.

Jail-lis-sant, *a.* qui jaillit.

Jap-pe-ment, *s. m.* aboyement.

Ja-vel-le, *s. f.* poignée de blé scié.

Ja-ve-lot, *s. m.* dard.

Jé-sui-te, *s. m.* membre de la société de Jésus.

Jeu-nes-se, *s. f.* âge entre l'enfance et l'âge viril.

Jou-ven-ceau, *s. f.* jeune garçon.

Jo-vi-al, *a.* gai.

Jour-na-lier, *a.* de chaque jour, changeant.

Ju-bi-lé, *s. m.* fête de 50 ans en 50 ans.

Ju-ge-ment, *s. m.* arrêt, raison.

Jus-tes-se, *s. f.* précision.

Jus-ti-ce, *s. f.* équité, droiture.

Ka-o-lin, *s. m.* terre à porcelaine.

Ker-mes-se, *s. f.* foire, fête annuelle.

Kirsch-va-ser, *s. f.* eau de cerises.

LEÇON XLII

Ki-os-que, s. m. pavillon.

La-cé-rer, v. a. réduire en morceaux.

Lâ-che-té, s. f. paresse, action basse, poltronnerie.

La-cu-ne, s. f. vide.

La-men-ter (se), v. pron. se plaindre.

Lan-ci-nant, a. qui élance.

Lan-ga-ge, s. m. idiome, style.

Lan-gou-reux, a. abattu.

Lan-guis-sant, a, qui souffre.

La-pi-der, v. a. tuer à coups de pierres.

La-té-ral, a. placé sur le côté.

Lau-da-num, s. m. teinture d'opium.

Lau-ré-at, s. m. couronné.

La-za-ret, s. m. lieu pour faire quarantaine.

Lé-thar-gie, s. f, assoupissement profond.

Le-xi-que, s. m, dictionnaire.

Lé-zar-de, s. f. fente de mur.

Li-bel-le, s. m. écrit injurieux.

Li-bé-ral, a. généreux.

Li-brai-re, s. m. marchand de livres.

LEÇON XLIII

Li-cen-ce, s. f. désordre, permission.

Li-ga-ment, s. m. tout ce qui lie.

Li-mi-te, s. f. borne.

Lim-pi-de, a. transparent.

Li-si-ble, a. facile à lire.

Li-ti-ge, s. m. procès, différend.

Li-vi-de, a. de couleur plombée.

Lo-gi-que, a. juste.

Lo-ti-on, s. f. lavage.

Lou-a-ge, s. m. cession de l'usage.

Lou-an-ge, s. f. éloge.

Lu-ci-de (moment), a. de raison.

Lu-cra-tif, a. qui donne du profit.

Lu-gu-bre, a. triste, funèbre.

Lu-mi-neux, a. clair, éclatant.

Ma-cé-rer, v. a. tremper.

Ma-chi-ne, s. f. instrument, ressort.

Ma-chi-ner, v. a. comploter.

Ma-cu-ler, v. a. tacher, noircir.

Ma-do-ne, s. f. image de la très-sainte Vierge.

Ma-ga-sin, s. m. dépôt de marchandises.

Ma-gis-ter, s. m. maître d'école.

LEÇON XLIV

Ma-gis-trat, s. m. officier public.

Ma-gna-nier, s. m. éleveur de vers à soie.

Ma-jes-té, s. f. grandeur, noblesse.

Ma-la-de, a. souffrant.

Ma-la-droit, a. gauche.

Ma-lai-se, s. m. état fâcheux.

Mal-heu-reux, a. funeste, pauvre.

Ma-li-ce, s. f. méchanceté.

Ma-li-ne, s. f. dentelle de Flandre.

Ma-niè-re, s. f. façon, usage.

Ma-nié-ré, a. affecté.

Mal-pro-pre, *a.* sale, dégoûtant.

Ma-mel-le, *s. f.* organe qui donne le lait.

Man-de-ment, *s. m.* ordonnance.

Man-ne-quin, *s. m.* panier.

Ma-nœu-vre, *s. f.* intrigue, exercice.

Man-til-le, *s. f.* petit mantelet.

Ma-nu-el, *a.* qui se fait avec les mains.

Ma-nus-crit, *s. m.* écrit à la main.

Ma-rau-de, *s. f.* vol fait par des soldats.

Ma-ré-chal, *s. m.* officier supérieur.

LEÇON XLV

Mar-gel-le, *s. f.* rebord d'un puits.

Ma-ri-er, *v. a.* unir par mariage.

Mar-mot-ter, *v. a.* parler bas entre ses dents.

Mas-cu-lin, *a.* de l'homme, mâle.

Mas-sa-cre, *s. m.* tuerie, carnage.

Ma-te-lot, *s. m.* marin.

Ma-ter-nel, *a.* de mère.

Ma-tiè-re, *s. f.* substance, sujet.

Ma-tri-ce, *s. f.* moule.

Mau-so-lée, *s. m.* tombeau orné.

Maus-sa-de, *a.* ennuyeux.

Ma-xi-me, *s. f.* règle, précepte.

Mé-comp-te, *s. m.* erreur de calcul.

Mé-con-tent, *a.* non satisfait.

Mé-de-cin, *s. m.* docteur en médecine.

Mé-di-re, *v. n.* dire du mal.

Mé-di-ter, *v. a.* penser, réfléchir.

Mé-gar-de, *s. f.* inattention.

Mé-lo-die, *s. f.* sons harmonieux.

Men-bra-ne, *s. f.* enveloppe.

Mé-moi-re, *s. m.* écrit, facture.

LEÇON XLVI

Mé-moi-re, *s. f.* faculté de se souvenir.

Me-na-ce, *s. f.* parole, geste pour inspirer la crainte.

Mé-na-ger, *v. a.* épargner, soigner.

Men-di-ant, *a.* qui demande l'aumône.

Men-son-ge, *s. m.* fausseté.

Men-su-el, *a.* du mois.

Mé-pri-se, *s. f.* erreur.

Mer-cre-di, *s. m.* 4e jour de la semaine.

Mer-cu-re, *s. m.* vif-argent.

Mé-ri-dien, *s. m.* cercle de la sphère.

Mé-ri-nos, *s. m.* mouton d'Espagne.

Mé-ri-te, *s. m.* valeur, qualité.

Mé-ri-ter, *v. a.* être digne de.

Mer-veil-le, *s. f.* chose surprenante.

Me-su-re, *s. f.* règle, moyen.

Mé-tho-de, *s. f.* principe.

Meu-liè-re, *s. f.* sorte de pierre.

LEÇON XLVII

Mi-as-mes, *s. m. pl.* vapeurs délétères.

Mi-li-ce, *s. f.* soldats.

Mil-li-ard, *s. m.* mille millions.

Mil-li-on, *s. m.* mille fois mille.

Mi-ne-rai, *s. m.* métal vierge.

Mi-ni-me, *a.* le plus petit.

Mi-nis-tre, *s. m.* officier public.

Mi-nu-te, *s. f.* soixantième partie de l'heure.

Mi-nu-tie, *s. f.* bagatelle.

Mi-ra-ge, *f.* effet d'optique.

Mi-sè-re, *s. f.* pauvreté, bagatelle.

Mis-si-on, *s. f.* envoi, mandat.

Mis-si-ve, *s. f.* lettre.

Mi-tai-ne, *s. f.* gant sans doigt.

Mi-ti-ger, *v. a.* adoucir.

Mi-trail-le, *s. f.* ferraille.

Mix-ti-on, *s. f.* mixture, mélange.

Mo-bi-le, *s. m.* motif.

Mo-dè-le, *s. m.* exemple.

Mo-de-ler, *v. a.* imiter en terre.

LEÇON XLVIII

Mo-dé-ré, *a.* retenu.

Mo-der-ne, *a.* nouveau.

Mo-des-te, *a.* simple.

Mo-di-que, *a.* peu élevé.

Mo-du-le, *s. m.* diamètre d'une médaille.

Mo-du-ler, *v. a.* varier les sons.

Mo-lai-re, *s. f.* grosse dent.

Mo-les-ter, *v. a.* vexer, chagriner.

Mo-me-rie, *s. f.* hypocrisie.

Mo-na-cal, *a.* de moine.

Mo-nar-chie, *s. f.* gouvernement d'un roi.

Mo-nar-que, *s. m.* roi, chef.

Mons-tru-eux, *a.* de monstre.

Mon-ta-gne, *s. f.* grande éminence au-dessus du sol.

Mon-tu-eux, *a.* inégal.

Mo-nu-ment, *s. m.* édifice.

Mo-que-rie, *s. f.* raillerie.

Mor-bi-de, *a.* malade.

Mor-ce-ler, *v. a.* diviser, partager.

Mo-ri-bond, *a.* qui va mourir.

Mo-ro-se, *a.* chagrin, bizarre.

Mo-ti-on. *s. f.* proposition.

Mo-ti-ver, *v. a.* alléguer des raisons.

Mou-che-té, *a.* tacheté.

LEÇON XLIX

Mouil-la-ge, *s. m.* fond pour jeter l'ancre.

Mou-lu-re, *s. f.* ornement d'architecture.

Mous-que-ton, *s. m.* fusil court.

Mou-ve-ment, *s. m.* impulsion.

Mu-rail-le, *s. f.* mur.

Mur-mu-re, *s. m.* bruit sourd.

Mus-ca-de, *s. f.* sorte de noix.

Mus-cadin, *a.* beau, fat.

Mu-si-cal, *a.* de la musique.

Mu-si-cien, *s. m.* qui fait de la musique.

Mu-si-que, *s. f.* chant, concert.

Mu-tis-me, *s. m.* état de muet.

Mu-tu-el, *a.* réciproque.

My-o-pe, *a.* qui a la vue courte.

My-o-pie, *s. f.* vue courte.

Mys-tè-re, *s. m.* secret.

Mys-ti-que, *a.* allégorique.

Na-ca-rat, *a.* rouge clair.

Na-cel-le, *s. f.* petit bateau.

Na-geoi-re, *s. f.* aile de poisson.

Na-guè-re, *adv.* il y a peu de temps.

Nais-san-ce, *s. f.* commencement.

Na-sil-ler, *v. n.* parler du nez.

LEÇON L

Na-ti-on, *s. f.* pays, contrée.

Na-ture, *s. f.* l'univers, sorte, tempérament.

Na-tu-rel, *a.* sans fraude.

Nau-fra-ge, *s. m.* navire submergé.

Na-vi-guer, *v. n.* voyager sur mer.

Na-vi-re, *s. m.* tout espèce de bâtiments qui vont sur mer.

Né-bu-leux, *a.* couvert de nuages.

Né-fas-te, *a.* (jour) funeste.

Né-ga-tif, *a.* qui nie.

Né-gli-gé, *a.* peu travaillé.

Né-gli-gent, *a.* sans soin.

Né-go-ce, *s. m.* commerce en gros.

Net-te-té, *s. f.* propreté.

Neu-vai-ne, *s. f.* neuf jours de suite.

Né-vral-gie, *s. f.* douleurs de nerfs.

Ni-ai-ser, *v. n.* s'amuser à des riens.

Ni-ve-ler, *v. a.* égaliser.

No-bles-se, *s. f.* élévation de sentiments.

Noc-tur-ne, *a.* de nuit.

Noi-set-te, *s. f.* fruit.

LEÇON LI

No-li-ser, *v. a.* frêter.

Non-cha-lant, *a.* paresseux, négligent.

Non-ob-stant, *prép.* malgré.

No-ta-ble, *a.* remarquable.

No-tai-re, *s. m.* officier public.

No-ti-ce, *s. f.* abrégé, catalogue.

No-ti-on, *s. f.* connaissance.

No-toi-re, *a.* manifeste.

Nour-ri-ce, *s. f.* femme qui allaite.

Nour-ris-seur, *s. m.* qui élève des bestiaux.

Nou-veau-té, *s. f.* chose nouvelle.

Nou-vel-le, *s. f.* conte, renseignement.

No-va-teur, *s. m.* qui innove.

No-vem-bre, *s. m.* le 11e mois de l'année.

No-vi-ce, *s. m.* peu habile, apprenti.

Nu-a-ge, *s. m.* vapeur.

Nu-bi-le, *a.* en âge de se marier.

Nui-si-ble, *a.* qui fait tort.

Nui-tam-ment, *adv.* de nuit.

Nul-li-té, *s. f.* incapacité, vice.

Nu-mé-ral, *a.* indiquant le nombre.

LEÇON LII

Nu-mé-ro, s. m. nombre pour coter.

Nup-ti-al, a. de noce.

Nu-tri-tif, a. qui nourrit.

O-a-sis, s. m. bois de palmiers.

O-bé-ir, v. n. exécuter un ordre.

O-bé-rer, v. a. accabler de dettes.

O-bli-geant, a. serviable.

O-bli-gé, a. redevable, forcé.

O-bli-ger, v. a. rendre service, forcer.

O-bli-que, a. incliné.

O-bo-le, s. f. ancienne petite monnaie.

Ob-scè-ne, a. qui blesse la pudeur.

Ob-scur-cir, v. a. rendre obscur.

Ob-sé-der, v. a. tourmenter.

Ob-sè-ques, s. f. pl. funérailles.

Ob-ser-ver, v. a. épier, remarquer.

Ob-sta-cle, s. m. empêchement.

Ob-sti-né, a. entêté.

LEÇON LIII

Ob-stru-er, v. a. boucher.

Ob-te-nir, v. a. se faire accorder.

O-bu-sier, s. m. mortier à obus.

Oc-cul-te, a. caché.

Oc-cu-per, v. a. remplir, employer.

O-cé-an, s. m. la mer.

Oc-ta-ve, s. f. huitaine.

Oc-to-bre, s. m. le 10º mois de l'année.

O-di-eux, a. qui inspire l'indignation.

O-do-rat, s. m. sens qui perçoit les odeurs.

Œil-let-te, s. f. sorte de pavot.

Of-fen-se, s. f. injure.

Of-fen-ser, v. a. injurier, blesser.

Of-fen-sif, a. qui attaque.

Of-fi-ce, s. m. emploi, fonction.

Of-fran-de, s. f. ce qu'on offre.

O-gi-ve, s. f. arceau en arête.

Ol-fac-tif, a. de l'odorat.

O-li-ve, s. f. fruit.

O-lym-pe, s. m. le ciel de la fable.

Om-bra-ge, s. m. ombre des arbres.

O-met-tre, v. a. oublier.

LEÇON LIV

Onc-ti-on, s. f. action d'oindre.

Onc-tu-eux, a. gras, huileux.

On-doie-ment, s. m. baptême.

O-né-reux, a. à charge, lourd.

O-pa-que, a. non transparent.

O-pé-ra, s. m. drame lyrique.

O-pi-ner, v. a. dire son avis.

Op-por-tun, a. à propos.

Op-po-sé, a. contraire.

Op-pres-sif, a. qui opprime.

Op-pri-mer, v. a. accabler.

Op-pro-bre, s. m. honte, ignominie.

Op-ti-on, s. f. choix.

O-pu-lent, a. très-riche.

O-ra-cle, s. m. décret des dieux.

O-ra-ge, *s. m.* tempête mêlée de tonnerre.

O-ran-ge, *s. f.* fruit.

O-ra-teur, *s. m.* qui parle en public.

Or-bi-te, *s. m.* cavité de l'œil.

Or-ches-tre, *s. m.* les musicien

Or-don-ner, *v. a.* commande disposer.

O-reil-le, *s. f.* organe de l'ouïe

O-reil-ler, *s. m.* coussin pour tête.

LEÇON LV

Or-fè-vre, *s. m.* qui travaille l'or.

Or-gueil-leux, *a.* fier, hautain.

O-ri-ent, *s. m.* côté où se lève le soleil.

O-ri-peau, *s. m.* parure en faux.

Or-ne-ment, *s. m.* décor, parure.

Or-phe-lin, *s. m.* sans père ni mère.

Os-cil-ler, *v. n.* se balancer.

O-se-raie, *s. f.* plant d'osiers.

Os-se-ments, *s. m. pl.* os décharnés.

O-ta-ge, *s. m.* nantissement.

Ou-bli-er, *v. a.* perdre le souvenir, omettre, négliger.

Ou-tra-ge, *s. m.* injure san glante.

Ou-tre-mer, *s. m.* couleur bleue

Ou-vra-ble, *a.* (jour) de travai

Ou-vra-ge, *s. m.* travail, façon

Ou-vra-gé, *a.* bien travaillé.

Ou-vri-er, *s. m.* qui travaille d ses mains.

O-va-le, *a.* en forme d'œuf.

Pa-ca-ge, *s. m.* pâturage.

Pai-si-ble, *a.* pacifique.

LEÇON LVI

Pal-li-er, *v. a.* excuser, déguiser.

Pan-car-te, *s. f.* affiche.

Pa-pau-té, *s. f.* dignité du Pape.

Pa-ra-de, *s. f.* étalage, scène comique.

Pa-ra-dis, *s. m.* séjour des bienheureux.

Pa-ra-ge, *s. m.* lieu, endroit.

Pa-raî-tre, *v. n.* se montrer, sembler.

Pa-ra-pet, *s. m.* mur de défense.

Pa-ra-sol, *s. m.* ombrelle.

Par-cel-le, *s. f.* petite partie.

Pa-res-se, *s. f.* aversion pour l travail.

Pa-ri-té, *s. f.* égalité.

Par-ju-re, *s. m.* faux serment

Par-tan-ce, *s. f.* départ.

Par-ti-san, *s. m.* attaché à u parti.

Pas-sa-ble, *a.* supportable.

Pas-to-ral, *a.* des pasteurs.

Pas-til-le, *s. f.* bonbon.

Pa-ter-nel, *a.* de père.

Pa-ti-ent, *a.* qui attend tranquillement.

Pé-a-ge, *s. m.* droit pour u passage.

LEÇON LVII

Pé-cu-le, *s. m.* économie.
Pe-la-ge, *s. m.* couleur du poil.
Pè-le-rin, *s. m.* qui va en pèle-rinage.
Pe-lou-se, *s. f.* tapis de ver-dure.
Pé-na-tes, *s. m. pl.* dieux do-mestiques.
Pen-du-le, *s. m.* balancier, *f.* horloge.
Pé-né-trer, *v. a.* passer à tra-vers, approfondir.
Pé-ni-ble, *a.* qui fait de la peine.

Pé-ni-tent, *a.* qui se repent.
Pen-si-on, *s. f.* rente, pension-nat.
Pé-nu-rie, *s. f.* disette.
Per-ce-voir, *v. a.* recevoir, re-cueillir.
Per-fi-de, *a.* déloyal.
Per-fo-rer, *v. a.* percer.
Per-ma-nent, *a.* constant.
Pé-ro-rer, *v. n.* discourir.
Per-ple-xe, *a.* irrésolu.
Per-ru-que, *s. f.* faux cheveux.
Per-sis-ter, *v. a.* tenir bon.

LEÇON LVIII

Per-son-ne, *s. f.* individu, nul.
Per-ver-tir, *v. a.* changer en mal.
Pe-san-teur, *s. f.* poids.
Pe-til-ler, *v. n.* éclater avec bruit.
Pé-tu-lant, *a.* impétueux.
Pha-lan-ge, *s. f.* os des doigts.
Pié-ti-ner, *v. a.* fouler avec les pieds.
Pi-quet-te, *s. f.* petit vin.
Piqûre, *s. f.* blessure, travail d'aiguille.

Plai-san-ter, *v. a.* railler, ba-diner.
Plau-si-ble, *a.* qui paraît vrai.
Plé-bé-ien, *a.* du peuple.
Plé-niè-re, *a. f.* entière.
Po-ë-te, *s. m.* qui fait des vers.
Po-ë-me, *s. m.* ouvrage en vers.
Poi-vri-er, *s. m.* arbrisseau.
Po-li-ce, *s. f.* ordre, contrat.
Po-li-cer, *v. a.* civiliser.
Pon-ti-fe, *s. m.* chef religieux.
Po-pu-leux, *a.* très-peuplé.
Por-ti-on, *s. f.* partie, pitance.

LEÇON LIX

Po-si-tif, *a.* sûr, certain.
Pos-si-ble, *a.* qui se peut.
Pos-thu-me, *a.* après la mort.
Po-ten-tat, *s. m.* souverain puissant.
Po-ti-on, *s. f.* terme de méde-cine, breuvage.

Po-te-rie, *s. f.* vases en terre.
Pou-din-gue, *s. m.* cailloux réunis.
Pous-siè-re, *s. f.* terre pulvé-risée.
Pré-cai-re, *a.* incertain.
Pré-cé-dent, *s. m.* usage établi.

4

Pré-cep-te, s. m. leçon, maxime.
Pré-cep-teur, s. m. maître particulier.
Pré-ci-eux, a. de grand prix.
Pré-ci-ser, v. a. déterminer.
Pré-co-ce, a. mûr avant le temps.
Pré-mi-ces, s. f. pl. premiers fruits.

Pré-si-der, v. n. occuper la première place, diriger.
Pré-ten-dre, v. n. aspirer à.
Pri-mi-tif, a. premier, ancien.
Prin-cipe, s. m. cause première, précepte.
Pro-ba-ble, a. vraisemblable.
Pro-cu-rer, v. a. faire obtenir.
Pro-di-ge, s. m. merveille.

LEÇON LX

Pro-di-gue, s. m. dissipateur.
Pro-fa-ne, a. opposé de sacré.
Pro-fa-ner, v. a. souiller.
Pro-hi-ber, v. a. défendre, interdire.
Pro-lo-gue, s. m. préface.
Pro-mès-se, s. f. engagement.
Pro-nos-tic, s. m. conjecture.
Pro-pa-ger, v. a. étendre, répandre.
Pro-phè-te, s. m. qui prédit.
Pro-pi-ce, a. favorable.
Pro-scri-re, v. a. condamner, chasser.

Pro-spec-tus, s. m. programme.
Pros-pé-rer, v. n. réussir.
Pro-tec-teur, s. m. défenseur.
Pro-tes-tant, s. m. qui proteste, sectaire.
Pro-ver-be, s. m. maxime.
Pru-de-rie, s. f. affectation de sagesse.
Pu-é-ril, a. de l'enfance.
Pul-lu-ler, v. n. multiplier rapidement.
Pu-pil-le, s. enfant en tutelle, prunelle de l'œil.
Pu-ri-tain, s. m. sectaire.

LEÇON LXI

Qua-dri-ge, s. m. char antique.
Qua-dril-le, s. m. danse.
Qua-dru-ple, a. quatre fois autant.
Quan-tiè-me, s. m. date du jour.
Quan-ti-té, s. f. nombre.
Quar-te-ron, s. m. quart d'un cent.
Que-rel-le, s. f. dispute.
Ques-ti-on, s. f. demande, torture.

Quin-con-ce, s. m. arbres plantés en carré.
Quin-ze-Vingts, s. m. pl. hôpital pour 300 aveugles.
Ra-bat-tre, v. a. diminuer, rabaisser.
Ra-bo-teux, a. inégal, noueux.
Ra-ci-ne, s. f. chevelu des plantes, origine.
Ra-di-é, a. à rayons.
Ra-di-eux, a. rayonnant, joyeux.
Raf-fo-ler, v. n. se passionner.

Ra-fraî-chir, *v. a.* rendre frais.

Rai-son-ner, *v. a.* discuter.

Ra-mas-ser, *v. a.* mettre en tas, relever.

Ran-cu-nier, *a.* qui a de la rancune.

Ra-mil-le, *s. f.* menu bois.

Ran-çon-ner, *v. a.* exiger.

LEÇON LXII

Ra-pa-ce, *a.* avide.

Ra-pi-de, *a.* très-vite.

Ra-pié-cer, *v. a.* mettre des pièces.

Ra-pi-ne, *s. f.* concussion, pillage.

Rap-pe-ler, *v. a.* appeler de nouveau, faire souvenir.

Ra-re-té, *s. f.* disette, curiosité.

Ras-sem-bler, *v. a.* réunir.

Re-cé-ler, *v. a.* cacher un vol.

Re-cet-te, *s. f.* argent reçu, expédient, composition.

Ré-ci-ter, *v. a.* dire par cœur.

Ré-cla-mer, *v. a.* revendiquer.

Ré-col-te, *s. f.* moisson.

Re-cou-vrer, *v. a.* retrouver.

Ré-cré-er, *v. a.* amuser, réjouir.

Re-cueil-lir, *v. a.* ramasser.

Re-cu-ler, *v. a.* éloigner, retarder.

Ré-cu-rer, *v. a.* nettoyer.

Ré-cu-ser, *v. a.* rejeter un juge.

Ré-dac-teur, *s. m.* qui rédige.

Ré-di-ger, *v. a.* mettre par écrit.

Re-di-te, *s. f.* répétition fréquente.

Re-dou-te, *s. f.* forfification.

LEÇON LXIII

Re-dou-ter, *v. a.* craindre fort.

Ré-dui-re, *v. a.* restreindre, diminuer.

Re-flé-ter, *v. n.* renvoyer la lumière.

Ré-for-me, *s. f.* réduction, modification.

Ré-fu-ter, *v. a.* combattre par des raisons.

Ré-ga-te, *s. f.* course sur l'eau.

Ré-gi-me, *s. m.* règle, gouvernement.

Ré-gi-ment, *s. m.* corps militaire.

Ré-gi-on, *s. f.* étendue, pays.

Re-gis-tre, *s. m.* livre pour inscrire.

Ré-gu-lier, *a.* selon la règle.

Re-jail-lir, *v. n.* retomber sur.

Re-lan-cer, *v. a.* poursuivre.

Re-la-ter, *v. a.* raconter.

Re-la-tif, *a.* qui a du rapport.

Re-la-xer, *v. a.* mettre en liberté.

Re-le-ver, *v. a.* rétablir, dépendre.

Re-li-quat, *s. m.* reste de compte.

Re-li-que, *s. f.* ce qui reste d'un saint après sa mort.

Re-mar-que, *s. f.* observation.

Re-mè-de, *s. m.* moyen, drogue.

Ren-dez-vous, *s. m.* lieu pour se réunir.

LEÇON LXIV

Re-né-gat, *s. m.* qui renie sa foi religieuse ou politique.

Ren-gor-ger (se), *v. p.* faire le fier.

Re-ni-fler, *v. n.* aspirer par le nez.

Re-pen-tir, *s. m.* chagrin d'une faute.

Ré-pé-ter, *v. a.* redire, refaire.

Re-pro-che, *s. m.* réprimande.

Re-quê-te, *s. f.* demande en justice.

Ré-si-der, *v. n.* demeurer.

Ré-si-gner, *v. a.* se démettre d'un emploi; *pr.* se soumettre.

Ré-son-ner, *v. n.* renvoyer le son.

Res-pec-tif, *a.* mutuel, réciproque.

Res-sem-blant, *a.* conforme.

Ré-su-mé, *s. m.* précis.

Ré-sul-tat, *s. m.* effet, suite.

Re-ta-ble, *s. m.* appui d'autel.

Ré-ta-blir, *v. a.* remettre en état.

Re-ti-ré, *a.* isolé, solitaire.

Re-tou-che, *s. f.* correction.

Ré-trac-ter, *v. a.* désavouer.

Re-trai-té, *a.* pensionné.

Re-tran-cher, *v. a.* supprimer; *pr.* se fortifier.

LEÇON LXV

Ré-u-nir, *v. a.* assembler, réconcilier.

Ré-us-sir, *v. n.* avoir des succès.

Re-vê-che, *a.* rude, âpre.

Re-ve-nu, *s. m.* rente.

Ré-vé-rend, *a.* respectable.

Ré-vé-rer, *v. a.* honorer.

Ré-vol-te, *s. f.* insurrection.

Ré-vo-lu, *a.* (temps) achevé.

Ri-ca-ner, *v. n.* rire à demi.

Ri-co-chet, *s. m.* bond d'une pierre sur l'eau.

Ri-gi-de, *a.* sévère, exact.

Ri-gou-reux, *a.* très-sévère.

Ri-pos-te, *s. f.* repartie vive.

Ri-va-ge, *s. m.* bord de la mer.

Ro-bus-te, *a.* vigoureux.

Ro-man-ce, *s. f.* chanson tendre.

Ron-de-ment, *adv.* vivement, franchement.

Ro-que-fort, *s. m.* fromage.

Ro-sai-re, *s. m.* chapelet.

Ros-si-gnol, *s. m.* oiseau, fausse clef.

LEÇON LXVI

Ro-ton-de, *s. f.* bâtiment rond.

Ro-tu-rier, *a. s. m.* qui n'est pas noble.

Rou-cou-ler, *v. n.* crier; se dit des pigeons.

Rou-ti-ne, *s. f.* vieille habitude.

Roy-au-té, *s. f.* qualité de roi.

Ru-bi-con, *a.* rouge.

Ru-bri-que, *s. f.* titre d'un livre, détour.

Ru-di-ments, *s. m. pl.* premiers principes.

Ru-mi-ner, *v. n.* remâcher, examiner.

Rus-ti-que, *a.* champêtre.

Sa-blon-neux, *a.* plein de sable.

Sac-ca-de, *s. f.* secousse brusque.

Sac-ca-ge, *s. m.* bouleversement.

Sa-co-che, *s. f.* sac.

Sa-cre-ment, *s. m.* institution religieuse.

Sa-cris-tie, *s. f.* vestiaire d'église.

Sa-lai-re, *s. m.* payement, récompense.

Sal-pê-tre, *s. m.* minéral.

Sa-lu-bre, *a.* sain, salutaire.

Sanc-ti-on, *s. f.* confirmation.

LEÇON LXVII

Sar-cas-me, *s. m.* raillerie amère.

Sa-tié-té, *s. f.* réplétion, dégoût.

Sa-ti-re, *s. f.* critique.

Sa-tis-fait, *a.* content.

Sa-ty-re, *s. m.* monstre fabuleux.

Sau-gre-nu, *a.* ridicule.

Sau-mâ-tre, *a.* un peu salé.

Sau-pou-drer, *v. a.* poudrer de.

Scan-da-le, *s. m.* éclat d'une action honteuse.

Scé-lé-rat, *s. m.* criminel.

Scep-ti-que, *a.* qui doute de tout.

Sci-em-ment, *adv.* à la connaissance.

Scin-til-ler, *v. n.* étinceler.

Scor-pi-on, *s. m.* animal venimeux.

Scru-pu-le, *s. m.* minutie, doute.

Sé-bi-le, *s. f.* écuelle de bois.

Se-cous-se, *s. f.* ébranlement.

Sec-taire, *s. m.* qui est d'une secte.

Sec-ti-on, *s. f.* coupure, division.

Sé-di-ment, *s. m.* dépôt d'une liqueur.

Sé-dui-re, *v. a.* tromper, plaire.

LEÇON LXVIII

Se-mai-ne, *s. f.* suite de sept jours.

Se-men-ce, *s. f.* grain que l'on sème.

Sen-si-ble, *a.* tendre, compatissant.

Sen-su-el, *a.* donné au plaisir.

Sen-ten-ce, *s. f.* maxime, décision.

Sen-ti-ment, *s. m.* opinion, sensibilité.

Sé-pa-rer, *v. a.* diviser.

Sep-tem-bre, *s. m.* le 9e mois de l'année.

Sé-pul-cre, *s. m.* tombeau.

Sé-ques-trer, *v. a.* mettre à part.

Sé-ri-eux, *a.* grave, important.

Ser-pen-ter, *v. n.* avoir un cours sinueux.

Ser-vi-ce, *s. m.* usage, secours.

Sin-gu-lier, *a.* particulier, un.

So-cié-té, *s. f.* compagnie.

Sphé-ri-que, *a.* rond.

Splen-di-de, *a.* magnifique.

Spo-li-er, *v. a.* déposséder par fraude.

Spon-gi-eux, *a.* de la nature de l'éponge.

Spon-ta-né, *a.* de soi-même.

Sque-let-te, *s. m.* tous les os d'un corps.

Sté-ri-le, *a.* qui ne produit rien.

Sti-mu-ler, *v. a.* exciter.

Sti-pu-ler, *v. a.* convenir.

Stra-té-gie, *s. f.* tactique militaire.

Stu-di-eux, *a.* laborieux.

Stu-pé-fait, *a.* étonné.

Stu-pi-de, *a.* sot, hébété.

LEÇON LXIX

Su-a-ve, *a.* délicieux.

Su-bli-me, *a.* élevé, grand.

Sub-mer-ger, *v. a.* couvrir d'eau.

Su-bor-ner, *v. a.* séduire.

Sub-ro-ger, *v. a.* substituer à.

Sub-si-de, *s. m.* impôt, secours d'argent.

Sub-sti-tut, *s. m.* suppléant.

Suc-cé-der, *v. n.* hériter.

Suc-cu-lent, *a.* plein de suc.

Suf-fi-re, *v. n.* être assez.

Suf-fo-quer, *v. n.* perdre la respiration.

Suf-fra-ge, *s. m.* vote.

Sug-gé-rer, *v. a.* insinuer.

Sul-fu-reux, *a.* de soufre.

Su-per-be, *a.* très-beau, fier.

Su-per-fin, *a.* extra-fin.

Su-per-flu, *s. m.* ce qui est de trop.

Sup-plan-ter, *v. a.* prendre la place d'un autre.

Sup-plé-er, *v. a.* remplacer, aider.

Sup-plé-ment, *s. m.* ce qu'on ajoute.

Sup-pli-ce, *s. m.* punition corporelle, grande anxiété.

Sup-pli-er, *v. a.* prier avec instance.

Sup-pli-que, *s. f.* requête.

LEÇON LXX

Sup-por-ter, *v. a.* soutenir, souffrir.

Sup-po-sé, *a.* faux.

Sup-po-ser, *v. a.* avancer une chose.

Sup-pri-mer, *v. a.* retrancher.

Su-prê-me, *a.* au-dessus de tout en son genre.

Sur-an-né, *a.* vieux, hors d'usage.

Sur-char-ger, *v. a.* charger trop.

Sur-di-té, *s. f.* perte de l'ouïe.

Sur-fa-ce, *s. f.* extérieur des corps.

Sur-fai-re, *v. a.* demander trop cher.

Sur-hu-main, *a.* au delà des forces humaines.

Sur-mon-ter, *v. a.* vaincre.

Sur-pas-ser, *v. a.* excéder, étonner.

Sur-pre-nant, *a.* étonnant.

Sur-veil-le, *s. f.* jour avant la veille.

Sur-veil-ler, *v. a.* veiller avec soin.

Sur-ve-nir, *v. n.* arriver inopinément.

Sur-vi-vre, *v. n.* vivre après un autre.

Sus-pec-ter, *v. a.* soupçonner.

Syl-la-be, *s. f.* partie d'un mot.

Sym-bo-le, *s. m.* signe, emblème.

Symp-tô-me, *s. m.* indice, présage.

LEÇON LXXI

Syn-co-pe, *s. f.* défaillance.

Sy-mé-trie, *s. f.* régularité.

Sym-pa-thie, *s. f.* convenance.

Sy-no-de, *s. m.* assemblée ecclésiastique.

Ta-bou-ret, *s. m.* siége sans dossier.

Ta-che-té, *a.* marqueté.

Ta-ci-te, *a.* sous-entendu.

Taf-fe-tas, *s. m.* étoffe de soie.

Ta-lis-man, *s. m.* prétendu préservatif.

Ta-pa-ge, *s. m.* bruit, désordre.

Tar-ti-ne, *s. f.* pain beurré, etc.

Tar-tu-fe, *s. m.* hypocrite.

Tâ-ton-ner, *v. n.* hésiter.

Ta-ver-ne, *s. f.* cabaret.

Tein-tu-re, *s. f.* liqueur pour teindre.

Tem-pé-ré, *a.* modéré.

Tem-pê-te, *s. f.* vent impétueux.

Tem-pê-ter, *v. n.* faire grand bruit.

Te-na-ble, *a.* où l'on peut rester.

Te-na-ce, *a.* osbtiné, qui s'attache.

LEÇON LXXII

Te-nail-le, *s. f.* sorte de pince.

Ten-dan-ce, *s. f.* penchant.

Ten-dres-se, *s. f.* amour tendre.

Té-nè-bres, *s. f. pl.* obscurité profonde.

Ter-ras-se, *s. f.* plate-forme.

Ter-res-tre, *a.* de la terre.

Ter-ri-ble, *a.* effrayant.

Tes-ta-ment, *s. m.* dernières volontés.

Tex-ti-le, *a.* propre à être tissé.

Tex-tu-el, *a.* selon le texte.

Thé-â-tre, *s. m.* salle de spectacle.

Thé-o-rie, *s. f.* principe d'un art.

Ti-mi-de, *a.* craintif.

Ti-rail-ler, *v. a.* tirer en tous sens.

Ti-son-ner, *v. n.* remuer le feu.

To-lé-rer, *v. a.* supporter.

To-ma-te, *s. f.* pomme d'amour.

Ton-nel-le, *s. f.* berceau en treillage.

Ton-su-re, *s. f.* partie de la tête rasée en rond.

Tor-tu-eux, *a.* qui n'est pas droit.

Tor-tu-re, *s. f.* tourment.

Tour-bil-lon, *s. m.* ce qui tournoie.

Tou-ril-lon, *s. m.* pivot.

LEÇON LXXIII

Tour-men-te, *s. f.* orage, tempête.

Tour-no-yer, *v. n.* tourner sur soi-même.

Tour-nu-re, *s. f.* façon, forme.

Tout à coup, *adv.* soudainement.

Tout à fait, *adv.* entièrement.

Tra-cas-ser, *v. a.* tourmenter.

Trac-ti-on, *s. f.* action de tirer.

Tra-dui-re, *v. a.* expliquer.

Tra-gé-die, *s. f.* drame héroïque.

Tra-gi-que, *a.* funeste.

Trai-ta-ble, *a.* doux.

Trai-te-ment, *s. m.* soin, appointement.

Tran-quil-le, *a.* calme, paisible.

Trans-cen-dant, *a.* supérieur.

Trans-gres-ser, *v. a.* enfreindre.

Tran-si-ger, *v. n.* arranger une affaire.

Trans-met-tre, *v. a.* céder, faire passer.

Trans-pa-rent, *a.* clair, limpide.

Trans-ver-sal, *a.* coupé en biais.

Tra-ves-tir, *v. a.* déguiser.

LEÇON LXXIV

Tré-bu-cher, *v. n.* faire un faux pas.

Treil-la-ge, *s. m.* treillis de latte, de fil de fer, etc.

Tré-mous-ser, *v. pr.* s'agiter.

Tré-pi-gner, *v. n.* frapper la terre des pieds.

Tré-so-rier, *s. m.* payeur.

Tres-sail-lir, *v. n.* être vivement ému.

Tri-an-gle, *s. m.* figure à trois angles.

Tri-en-nal, *a.* de trois ans.

Tri-mes-tre, *s. m.* espace de trois mois.

Tri-om-phe, *s. m.* victoire, honneur.

Tri-po-li, *s. m.* poudre pour polir.

Tri-vi-al, *a.* commun.

Trou-ba-dour, *s. m.* ancien poëte.

Tru-che-ment, *s. m.* interprète.

Tu-des-que, *a.* allemand.

Tu-mul-te, *s. m.* bruit, désordre.

Tur-bu-lent, *a.* bruyant.

Tu-tel-le, *s. f.* autorité sur un mineur.

Ty-ran-nie, *s. f.* oppression.

U-ka-se, *s. m.* édit du Czar.

LEÇON LXXV

Ul-cè-re, *s. m.* plaie.

U-ni-on, *s. f.* mariage, accord, jonction

U-ni-que, *a.* seul, singulier.

U-nis-son, *s. f.* accord de ton.

U-ni-té, *s. f.* une seule chose.

U-ni-vers, *s. m.* le monde entier.

Ur-gen-ce, *s. f.* nécessité pressante.

U-sa-ge, *s. m.* coutume, emploi.

U-si-ne, *s. f.* manufacture.

U-su-el, *a.* commun, ordinaire.

U-su-fruit, *s. m.* jouissance d'un revenu.

U-su-re, *s. f.* intérêt illégal, vétusté.

U-sur-per, *v. a.* prendre par force.

U-su-rier, *s. m.* prêteur à gros intérêts.

U-té-rin, *a.* né d'une même mère.

U-ti-le, *a.* avantageux.

Va-can-ce, *s. f.* congé, manque.

Va-car-me, *s. m.* bruit, tumulte.

Vac-ci-ner, *v. a.* inoculer le vaccin.

Va-cil-ler, *v. n.* chanceler.

Va-ga-bond, *s. m.* qui erre.

Vail-lam-ment, *adv.* avec courage.

Vail-lan-ce, *s. f.* bravoure.

Vai-ne-ment, *adv.* inutilement.

LEÇON LXXVI

Vais-sel-le, *s. f.* plats, assiettes, etc.

Va-la-ble, *a.* bon, recevable.

Va-leu-reux, *a.* courageux, brave.

Va-li-de, *a.* valable, sain.

Va-li-se, *s. f.* sac de cuir.

Va-ni-té, *s. f.* amour-propre, inutilité.

Va-ni-teux, *a.* plein de vanité.

Va-nu-pieds, *s. m.* misérable.

Va-po-reux, *a.* en vapeur.

Va-ri-er, *v. a.* changer.

Va-rié-té, *s. f.* diversité.

Ve-det-te, *s. f.* sentinelle.

Vé-gé-tal, *s. m.* herbe, plante.

Vé-gé-ter, *v. n.* croître, ne pas prospérer.

Vé-hé-ment, *a.* fort, violent.

Vé-lo-ce, *a.* très-rapide.

Ve-lou-té, *a.* comme du velours.

Ven-dan-ge, *s. f.* récolte des raisins.

Ven-dre-di, *s. m.* 6e jour de la semaine.

LEÇON LXXVII

Vé-né-neux, *a.* qui a du venin; se dit des plantes.

Vé-né-rer, *v. a.* révérer, honorer.

Vé-ni-el, *a.* pardonnable.

Ve-ni-meux, *a.* qui a du venin; se dit des animaux.

Ven-tou-se, *s. f.* prise d'air.

Ver-dâ-tre, *a.* tirant sur le vert.

Ver-du-re, *s. f.* le vert des plantes.

Vé-ri-té, *s. f.* sincérité.

Ver-mil-lon, *s. m.* rouge vif.

Ver-mou-lu, *a.* piqué des vers.

Ver-se-ment, *s. m.* payement.

Ver-si-on, *s. f.* traduction, récit.

Vert-de-gris, *s. m.* rouille de cuivre.

Ver-te-ment, *adv.* avec vigueur.

Ver-ti-cal, *a.* perpendiculaire.

Ver-ti-ge, *s. m.* étourdissement, folie.

Ver-vei-ne, *s. f.* plante.

Ves-ta-le, *s. f.* vierge.

Ves-ti-ge, *s. m.* marque, reste.

Vê-te-ment, *s. m.* habillement.

Vé-tus-té, *s. f.* ancienneté.

Vé-til-leux, *a.* plein de diffi-
cultés.

Veu-va-ge, *s. m.* état de veuf.

LEÇON LXXVIII

Vi-a-ble, *a.* qui peut vivre.

Vi-cai-re, *s. m.* suppléant d'un
curé.

Vi-ci-er, *v. a.* altérer, corrompre.

Vi-ci-eux, *a.* malin, méchant.

Vi-ci-nal, *a.* voisin.

Vi-com-te, *s. m.* fils d'un comte.

Vic-ti-me, *s. f.* animal qu'on
sacrifiait.

Vic-toire, *s. f.* gain, avantage.

Vi-dui-té, *s. f.* veuvage.

Vif-ar-gent, *s. m.* mercure.

Vi-gi-lant, *a.* attentif, soigneux.

Vi-gi-le, *s. f.* veille.

Vi-gno-ble, *s. m.* plant de vignes.

Vi-gou-reux, *a.* fort, robuste,
énergique.

Vi-le-nie, *s. f.* action basse, injure, avarice.

Vi-nai-gre, *s. m.* vin aigri.

Vi-o-lent, *a.* impétueux.

Vi-o-ler, *v. a.* enfreindre.

Vi-pè-re, *s. f.* serpent venimeux.

LEÇON LXXIX

Vir-gi-nal, *a.* de vierge.

Vi-sa-ge, *s. m.* figure, face.

Vi-si-ble, *a.* apparent.

Vi-si-te, *s. f.* recherche, examen.

Vi-tes-se, *s. f.* rapidité.

Vi-va-ce, *a.* qui vit longtemps.

Voi-lu-re, *s. f.* les voiles.

Vo-la-ge, *a.* inconstant.

Vo-liè-re, *s. f.* cage pour des
oiseaux.

Vo-lon-té, *s. f.* vouloir, déter-
mination.

Vol-ti-ger, *v. n.* voler, çà et là.

Vo-ra-ce, *a.* carnassier, goulu.

Vul-gai-re, *a.* commun, trivial.

Y-pré-au, *s. m.* sorte de peu-
plier.

DIVISION IV

Contenant les mots de quatre syllabes.

LEÇON I

A-bais-se-ment, *s. m.* diminution, humiliation.

A-bâ-tar-dir, *v. a.* corrompre.

A-bat-te-ment, *s. m.* langueur.

Ab-jec-ti-on, *s. f.* avilissement.

A-bon-dan-ce, *s. f.* grande
quantité.

A-bor-da-ble, *a.* accessible.

A-bor-da-ge, s. m. choc de deux navires.

Ab-so-lu-ment, adv. tout à fait.

Ab-sorp-ti-on, s. f. action d'absorber.

Abs-ten-tion, s. f. renonciation.

Abs-ti-nen-ce, s. f. jeûne, privation.

Ab-sur-di-té, s. f. bêtise, nonsens.

A-ca-dé-mie, s. f. société de savants, d'artistes.

Ac-cé-lé-rer, v. a. hâter.

Ac-cep-ti-on, s. f. sens d'un mot.

Ac-ces-si-on, s. f. consentement.

Ac-ces-soi-re, a. ajouté au principal.

Ac-coin-tan-ce, s. f. liaison intime.

Ac-com-mo-dant, a. traitable.

Ac-com-pa-gner, v. a. aller avec.

LEÇON II

Ac-cou-tre-ment, s. m. mise ridicule.

Ac-cou-tu-mer, v. a. habituer.

Ac-crois-se-ment, s. m. augmentation.

Ac-cu-mu-ler, v. a. amasser.

A-cha-lan-der, v. a. procurer des clients.

A-char-ne-ment, s. m. fureur.

A-chè-ve-ment, s. m. fin.

Ac-quit-te-ment, s. m. libération.

A-cri-mo-nie, s. f. âcreté.

Ac-ti-on-ner, v. a. intenter un procès.

Ad-hé-si-on, s. f. jonction, consentement.

Ad-mi-ra-ble, a. remarquable.

Ad-mis-si-ble, a. recevable.

A-do-les-cent, s. m. jeune garçon.

A-du-la-teur, s. m. flatteur.

Ad-ven-ti-ce, a. qui croît naturellement.

Ad-ver-si-té, s. f. malheur.

A-é-ros-tat, s. m. ballon.

LEÇON III

Af-fec-tu-eux, a. aimant.

Af-flu-en-ce, s. f. abondance.

A-ga-ce-ment, s. m. excitation.

A-ge-nouil-ler (s'), v. pr. se mettre à genoux.

Ag-glo-mé-rer, v. pr. se réunir en masse.

A-gi-li-té, s. f. légèreté.

A-gres-si-on, s. f. attaque.

A-gri-cul-teur, s. m. cultivateur.

A-jour-ne-ment, s. m. délai, remise.

A-jus-te-ment, s. m. parure.

A-lex-an-drin, s. m. vers français de douze pieds.

A-li-gne-ment, s. m. qui est sur la ligne droite.

Al-lé-gres-se, s. f. grande joie.

Al-le-lui-a, s. m. chant de joie.

Am-bas-sa-deur, s. m. envoyé-

Am-bi-ti-on, *s. f.* désir immodéré d'honneurs.

Am-bu-lan-ce, *s. f.* hôpital militaire en campagne.

A-men-de-ment, *s. m.* correction.

A-mé-ni-té, *s. f.* douceur.

A-mer-tu-me, *s. f.* saveur amère.

A-mo-vi-ble, *a.* qu'on peut destituer.

Am-pli-fi-er, *v. a.* exagérer.

A-mu-let-te, *s. f.* prétendu préservatif.

A-mu-se-ment, *s. m.* jeu.

LEÇON IV

A-na-lo-gie, *s. f.* ressemblance, rapport.

A-na-ly-se, *s. f.* examen minutieux.

A-na-thè-me, *s. m.* excommunication.

A-na-to-mie, *s. f.* dissection.

An-cien-ne-té, *s. f.* antiquité, priorité.

A-né-an-tir, *v. a.* détruire entièrement.

A-nec-do-te, *s. f.* historiette.

An-glo-ma-nie, *s. f.* imitation de tout ce qui est anglais.

An-ni-hi-ler, *v. a.* anéantir.

A-no-ny-me, *a.* sans nom d'auteur.

An-té-cé-dent, *a.* qui précède.

An-ti-ci-per, *v. n.* devancer, usurper.

An-ti-do-te, *s. m.* contrepoison.

An-ti-moi-ne, *s. m.* métal blanc.

An-ti-pa-pe, *s. m.* faux pape.

An-ti-pa-thie, *s. f.* aversion.

A-per-ce-voir. *v. a.* découvrir.

A-pi-to-yer, *v. a.* exciter la pitié.

A-po-cry-phe, *a.* suspect, inconnu.

A-pos-til-le, *s. f.* note favorable.

LEÇON V

A-pos-to-lat, *s. m.* ministère d'apôtre.

A-pos-tro-phe, *s. f.* signe d'élision (').

A-pos-tro-pher, *v. a.* adresser la parole, insulter.

Ap-pa-raî-tre, *v. n.* devenir visible.

Ap-pa-reil-ler, *v. a.* assortir; *n.* mettre à la voile.

Ap-pa-ren-ce, *s. f.* extérieur, probabilité.

Ap-par-te-nir. *v. n.* être à quelqu'un.

Ap-pen-di-ce, *s. m.* supplément.

Ap-pli-ca-ble, *a.* propre à.

Ap-poin-te-ment, *s. m.* salaire.

Ap-pré-ci-er, *v. a.* estimer.

Ap-pré-hen-der, *v. a.* saisir, craindre.

Ap-pri-voi-ser, *v. a.* rendre privé.

Ap-pro-fon-dir, *v. a.* creuser, examiner.

Ap-pro-pri-er (s'), *v. pr.* usurper

Ap-ti-tu-de, *s. f.* capacité, disposition.

A-qua-ti-que, *a.* marécageux.

A-ra-toi-re, *a.* de l'agriculture.

Ar-che-vê-que, *s. m.* évêque supérieur.

Ar-chi-tec-te, *s. m.* qui exerce l'art de bâtir.

Ar-chi-vis-te, *s. m.* gardien des archives.

Ar-gen-tu-re, *s. f.* argent appliqué.

Ar-gu-men-ter, *v. a.* tirer des conséquences.

Ar-mis-ti-ce, *s. m.* suspension d'armes.

A-ro-ma-te, *s. m.* parfum.

LEÇON VI

Ar-ran-ge-ment, *s. m.* ordre, conciliation.

Ar-ré-ra-ges, *s. m. pl.* revenu.

Ar-ri-va-ge, *s. m.* arrivée au port.

Ar-ro-gan-ce, *s. f.* fierté.

Ar-té-si-en, *a.* (puits) foré.

Ar-ti-cu-ler, *v. a.* prononcer distinctement.

Ar-ti-fi-ce, *s. m.* ruse, matière inflammable.

Ar-til-le-rie, *s. f.* ce qui concerne les canons.

As-cen-si-on, *s. f.* action de s'élever.

As-pé-ri-té, *s. f.* rudesse.

As-sas-si-nat, *s. m.* meurtre.

As-sen-ti-ment, *s. m.* consentement.

As-ser-men-ter, *v. a.* faire prêter serment.

As-ser-ti-on, *s. f.* affirmation.

As-si-mi-ler, *v. a.* comparer.

As-sis-tan-ce, *s. f.* secours, aide.

As-so-ci-er, *v. a.* mettre en société

As-somp-ti-on, *s. f.* ascension de la sainte Vierge au ciel.

As-su-jé-tir, *v. a.* soumettre.

As-su-ran-ce, *s. f.* certitude, garantie.

As-tro-no-me, *s. m.* qui s'occupe des astres.

At-lan-ti-que, *a.* de l'Océan.

LEÇON VII

At-mo-sphè-re, *s. f.* air qui enveloppe la terre.

At-ta-che-ment, *s. m.* affection.

At-te-la-ge, *s. m.* bêtes attelées.

At-té-nu-er, *v. a.* affaiblir.

At-ti-tude, *s. f.* posture.

At-trac-ti-on, *s. f.* action d'attirer.

At-tri-bu-er, *v. a.* donner, imputer.

At-trou-pe-ment, *s. m.* réunion tumultueuse.

Au-di-ti-on, *s. f.* action d'entendre.

Au-ri-fè-re, *a.* qui fournit de l'or.

Aus-té-ri-té, *s. f.* sévérité, rigueur.

Au-then-ti-que, *a.* qui fait autorité.

Au-to-cra-te, *s. m.* souverain absolu.

Au-to-gra-phe, *s. m.* écrit de la main de l'auteur.

Au-to-ma-te, *s. m.* machine à ressort.

Au-to-ri-ser, *v. a.* permettre.

A-va-lan-che, *s. f.* neige qui tombe en masse des montagnes.

A-van-ta-ge, *s. m.* profit, supériorité.

A-vant-pro-pos, *s. m.* préface.

A-vé-ne-ment, *s. m.* élévation à une dignité.

A-ver-si-on, *s. f.* répugnance.

LEÇON VIII

A-veu-gle-ment, *s. m.* erreur.

A-xi-o-me, *s. m.* maxime.

Ba-che-let-te, *s. f.* jeune fille.

Ba-ga-tel-le, *s. f.* chose insignifiante.

Bal-bu-ti-er, *v. a.* parler en hésitant.

Ba-li-ver-ne, *s. f.* sornette.

Ba-lour-di-se, *s. f.* bêtise.

Bal-sa-mi-que, *a.* qui tient du baume.

Ban-de-let-te, *s. f.* petite bande.

Ban-que-rou-te, *s. f.* faillite.

Bap-tis-tè-re, *s. m.* lieu où l'on baptise.

Ba-ra-goui-ner, *v. n.* parler mal.

Ba-ro-mè-tre, *s. m.* instr. de physique.

Bar-ri-ca-de, *s. f.* retranchement.

Ba-si-li-que, *s. f.* grande église.

Bas-se-fos-se, *s. f.* cachot souterrain.

Bel-le-fil-le, *s. f.* fille par alliance.

Bel-li-gé-rant, *a.* qui est en guerre.

Bé-né-fi-ce, *s. m.* profit, privilége.

LEÇON IX

Bé-né-vo-le, *a.* bienveillant.

Bim-be-lo-tier, *s. m.* marchand de jouets d'enfants.

Bi-o-gra-phe, *s. m.* qui écrit la vie de quelqu'un.

Bis-an-nu-el, *a.* qui dure deux ans.

Bo-hé-mi-en, *s. m.* vagabond.

Bo-ta-ni-que, *s. f.* science des plantes.

Bou-le-ver-ser, *v. a.* déranger, ruiner.

Bour-don-ne-ment, *s. m.* bruit sourd.

Bré-vi-ai-re, *s. m.* livre d'office.

Bri-è-ve-té, *s. f.* courte durée, concision.

Brim-bo-ri-on, *s. m.* colifichet.

Bu-co-li-que, *s. f.* poésie pastorale.

Bu-ra-lis-te, *s. m.* attaché à un bureau.

Ca-chec-ti-que, *a.* d'une mauvaise santé.

Ca-che-mi-re, *s. m.* châle des Indes.

Ca-co-chy-me, *a.* bizarre.

Ca-du-ci-té, *s. f.* état caduc.

Ca-go-tis-me, *s. m.* fausse dévotion.

Ca-la-mi-té, *s. f.* malheur public.

Ca-len-dri-er, *s. m.* table des jours de l'année.

LEÇON X

Cal-li-gra-phe, *s. m.* qui écrit bien.

Cal-lo-si-té, *s. f.* dureté de la peau.

Cal-vi-nis-me, *s. m.* secte de Calvin.

Ca-ma-ra-de, *s. m.* compagnon.

Can-ne-lu-re, *s. f.* creux d'une colonne.

Can-ni-ba-le, *a.* anthropophage.

Ca-no-ni-cat, *s. m.* bénéfice d'un chanoine.

Ca-no-ni-que, *a.* conforme au droit canon.

Ca-no-ni-ser, *v. a.* mettre au rang des saints.

Ca-non-nade, *s. f.* décharge de canons.

Can-ta-tri-ce, *s. f.* chanteuse de profession.

Ca-pa-ci-té, *s. f.* étendue, contenance, habileté.

Ca-pil-lai-re, *a.* menu comme un cheveu.

Ca-pi-ta-le, *s. f.* ville principale d'un état.

Ca-pi-tu-ler, *v. n.* parlementer.

Cap-ta-ti-on, *s. f.* obtenir par ruse.

Cap-ti-vi-té, *s. f.* esclavage, détention.

Ca-rac-tè-re, *s. m.* naturel, empreinte, qualité.

Car-ni-vo-re, car-nas-sier, *a.* qui vit de chair.

Ca-ta-com-bes, *s. f. pl.* carrières où l'on enterrait.

LEÇON XI

Ca-ta-lo-gue, *s. m.* liste.

Ca-ta-rac-te, *s. f.* tache sur l'œil, chute d'eau.

Ca-ta-stro-phe, *s. f.* évènement funeste.

Ca-thé-chis-me, *s. m.* instructions religieuses.

Ca-thé-dra-le, *s. f.* église principale.

Ca-tho-li-que, *a.* soumis au Pape

Ca-ti-mi-ni (en), *loc. adv.* en cachette.

Cau-di-ma-ne, *a.* animal qui prend avec sa queue.

Cau-té-ri-ser, *v. a.* brûler les chairs.

Ca-val-ca-de, *s. f.* marche à cheval.

Cé-lé-ri-té, *s. f.* vitesse.

Cé-no-bi-te, *s. m.* moine vivant en communauté.

Cen-te-nai-re, *a.* qui a cent ans.

Cen-tra-li-ser, *v. a.* réunir au centre.

Cen-tri-fu-ge, *a.* qui s'éloigne du centre.

Cen-tri-pè-te, *a.* qui tend au centre.

Cé-ré-mo-nie, *s. f.* formalité, pompe.

Cer-ti-tu-de, *s. f.* assurance complète.

Cha-ri-va-ri, *s. m.* bruit tumultueux.

Chè-vre-feuil-le, *s. m.* plante.

LEÇON XII

Ci-ca-tri-ce, *s. f.* marque de plaie.

Cir-con-scri-re, *v. a.* limiter.

Cir-con-stan-ce, *s. f.* particularité.

Cir-con-ve-nir, *v. a.* tromper par des détours.

Cir-cu-lai-re, *a.* rond.

Ci-ta-del-le, *s. f.* forteresse.

Ci-vi-li-ser, *v. a.* rendre sociable.

Clair-vo-yan-ce, *s. f.* sagacité.

Cla-que-mu-rer, *v. a.* enfermer.

Co-ac-cu-sé, *a.* accusé avec un autre.

Co-ad-ju-teur, *s. m.* adjoint à un prélat.

Co-a-gu-ler (se), *v. p.* figer.

Co-a-li-ser (se), *v. p.* se liguer.

Co-di-cil-le, *s. m.* addition à un testament.

Co-er-ci-tif, *a.* qui contraint.

Co-ex-is-ter, *v. n.* exister ensemble.

Cog-na-ti-on, *s. f.* parenté.

Co-ha-bi-ter, *v. n.* vivre ensemble.

Co-hé-ren-ce, *s. f.* liaison.

Co-hé-si-on, *s. f.* adhérence.

Co-in-ci-dent, *a.* qui arrive en même temps.

LEÇON XIII

Col-la-té-ral, *a.* hors la ligne directe.

Col-lec-ti-on, *s. f.* recueil.

Col-li-si-on, *s. f.* choc de deux corps.

Com-bus-ti-ble, *a.* qui peut brûler.

Co-mes-ti-ble, *a.* bon à manger.

Com-mis-sai-re, *s. m.* officier de police.

Com-mo-ti-on, *s. f.* secousse.

Com-mu-nau-té, *s. f.* société, couvent.

Com-mu-ni-er, *v. n.* faire la Cène.

Com-par-ti-ment, *s. m.* division.

Com-pas-si-on, *s. f.* pitié.
Com-pa-ti-ble, *a.* s'accordant.
Com-pé-ten-ce, *s. f.* droit de juger.
Com-ple-xi-on, *s. f.* tempéra-ment.
Com-ponc-ti-on, *s. f.* remords.
Com-po-si-te, *a.* terme d'archi-tecture mixte.

Com-pro-met-tre, *v. a.* mettre dans l'embarras.
Con-cep-ti-on, *s. f.* action de concevoir.
Con-ces-si-on, *s. f.* don.
Con-ce-va-ble, *a.* qui se con-çoit.
Con-ci-si-on, *s. f.* brièveté.
Con-cor-dan-ce, *s. f.* rapport.

LEÇON XIV

Con-cur-ren-ce, *s. f.* prétention de plusieurs.
Con-cus-si-on, *s. f.* exaction.
Con-des-cen-dant, *a.* consen-tant.
Con-dis-ci-ple, *s. m.* compagnon d'étude.
Con-di-ti-on, *s. f.* état, clause.
Con-fé-dé-ré, *s. m.* allié.
Con-fi-an-ce, *s. f.* espérance, sécurité.
Con-fi-den-ce, *s. f.* communi-cation.
Con-fi-tu-re, *s. f.* fruits con-fits.
Con-for-mi-té, *s. f.* ressem-blance.

Con-fu-si-on, *s. f.* désordre, honte.
Con-gé-nè-re, *a.* du même genre.
Con-jec-tu-re, *s. f.* présomp-tion.
Con-nais-san-ce, *s. f.* notion.
Con-ne-xi-on, *s. f.* rapport.
Con-ni-ven-ce, *s. f.* compli-cité.
Con-sé-cu-tif, *a.* qui se suit.
Con-sé-quen-ce, *s. f.* suite, con-clusion.
Con-si-dé-rer, *v. a.* examiner, estimer.
Con-so-li-der, *v. a.* affermir.
Con-sti-tu-er, *v. a.* composer.

LEÇON XV

Con-ta-gi-eux, *a.* qui se com-munique.
Con-tem-po-rain, *a.* du même temps.
Con-te-nan-ce, *s. f.* capacité, maintien.
Con-ten-ti-eux, *a.* litigieux.
Con-ti-nu-el, *a.* qui ne cesse pas.
Con-ti-nui-té, *s. f.* durée.

Con-tor-si-on, *s. f.* convulsion.
Con-tra-ri-é-té, *s. f.* désagré-ment.
Con-tre-ban-de, *s. f.* fraude.
Con-tre-dan-se, *s. f.* danse à figures.
Con-tre-fa-çon, *s. f.* imitation.
Con-tre-maî-tre, *s. m.* chef d'a-telier.

Con-tro-ver-sé, *a.* discuté.

Con-tu-si-on, *s. f.* meurtrissure.

Con-va-les-cent, *a.* qui relève
de maladie.

Con-ve-nan-ce, *s. f.* bienséance.

Con-ven-ti-on, *s. f.* accord.

Con-vic-ti-on, *s. f.* être con-
vaincu.

Co-rol-lai-re, *s. m.* consé-
quence.

Cor-ro-bo-rer, *v. a.* fortifier.

Cor-rup-ti-on, *s. f.* action de
se corrompre.

LEÇON XVI

Cos-mé-ti-que, *a.* qui embellit
la peau.

Cos-mo-gra-phie, *s. f.* description du monde.

Cou-ar-di-se, *s. f.* lâcheté.

Cour-ba-tu-re, *s. f.* lassitude.

Cré-a-tu-re, *s. f.* être créé.

Cré-pus-cu-le, *s. m.* clarté qui
précède ou suit le soleil.

Cro-as-se-ment, *s. m.* cri du
corbeau.

Cru-ci-fi-er, *v. a.* attacher à
une croix.

Cu-li-nai-re, *a.* (art) de la cuisine.

Da-mas-qui-ner, *v. a.* incruster
de l'or dans le fer ou l'acier.

Da-van-ta-ge, *adv.* plus.

Dé-bap-ti-ser, *v. a.* changer de
nom.

Dé-bar-ras-ser, *v. a.* ôter ce
qui gêne.

Dé-bi-li-ter, *v. a.* affaiblir.

Dé-ca-den-ce, *s. f.* ruine, dé-
clin.

Dé-ca-lo-gue, *s. m.* loi de Moïse.

Dé-ca-pi-ter, *v. a.* couper la
tête.

Dé-ché-an-ce, *s. f.* perte d'un
droit.

Dé-ci-si-on, *s. f.* révolution, jugement.

Dé-cli-vi-té, *s. f.* pente.

Dé-com-po-ser. *v. a.* analyser,
dissoudre.

LEÇON XVII

Dé-con-cer-ter, *v. a.* troubler.

Dé-cou-ver-te, *s. f.* invention.

Dé-dom-ma-ger, *v. a.* indem-
niser.

Dé-fec-ti-on, *s. f.* désertion.

Dé-fec-tu-eux, *a.* imparfait.

Dé-fé-ren-ce, *s. f.* condescen-
dance.

Dé-fi-ni-tif, *a.* qui termine.

Dé-li-ci-eux, *a.* exquis, parfait.

Dé-ma-go-gie, *s. f.* action populaire.

Dé-me-su-ré, *a.* excessif.

Dé-mo-cra-tie, *s. f.* gouvernement populaire.

De-moi-sel-le, *s. f.* fille.

Dé-mon-stra-tif, *a.* qui démon-
tre.

Dé-pen-dan-ce, *s. f.* sujétion.

Dé-pi-qua-ge, *s. m.* battage des
grains par des chevaux.

Dé-pos-sé-der, *v. a.* ôter la possession.

Dé-pré-ci-er, *v. a.* rabaisser.

Dé-ra-ci-ner, *v. a.* arracher.

Der-niè-re-ment, *adv.* depuis peu.

Dés-a-gré-ment, *s. m.* ennui.

Dés-al-té-rer, *v. a.* ôter la soif.

LEÇON XVIII

Dés-ap-pren-dre, *v. a.* oublier ce qu'on sait.

Dés-ap-prou-ver, *v. a.* blâmer.

Des-cen-dan-ce, *s. f.* extraction.

Des-crip-ti-on, *s. f.* narration.

Dés-es-pé-rant, *a.* très-affligeant.

Dé-si-nen-ce, *s. f.* terminaison d'un mot.

Des-ti-tu-er, *v. a.* ôter l'emploi.

Des-truc-ti-on, *s. f.* ruine entière.

Dé-ten-ti-on, *s. f.* pitié, dévouement.

Dé-ter-mi-né, *a.* résolu.

Dé-ve-lop-per, *v. a.* étendre, expliquer.

Dé-vo-ti-on, *s. f.* piété, dévouement.

Dia-bo-li-que, *a.* du diable.

Di-a-dè-me, *s. m.* bandeau royal.

Di-a-lec-te, *s. m.* idiome.

Di-a-lo-gue, *s. m.* conversation.

Di-a-pha-ne, *a.* transparent.

Di-a-tri-be, *s. f.* critique amère.

Dif-fi-ci-le, *a.* malaisé.

Di-la-pi-der, *v. a.* dépenser follement.

Di-o-cè-se, *s. m.* étendue d'un évêché.

Di-rec-ti-on, *s. f.* tendance.

LEÇON XIX

Dis-ci-pli-ne, *s. f.* règle, fouet.

Dis-gra-ci-eux, *a.* désagréable.

Dis-pa-ra-te, *a.* différent.

Dis-pen-di-eux, *a.* très-coûteux.

Dis-po-ni-ble, *a.* dont on peut disposer.

Dis-so-lu-ble, *a.* qu'on peut dissoudre.

Di-ver-si-on, *s. f.* action de détourner.

Di-vi-ni-té, *s. f.* dieu ou déesse.

Do-mi-ci-le, *s. m.* habitation.

Du-bi-ta-tif, *a.* qui exprime le doute.

Du-pli-ca-ta, *s. m.* double d'un acte.

Du-pli-ci-té, *s. f.* mauvaise foi.

É-bé-nis-te, *s. m.* ouvrier en meubles.

É-bou-le-ment, *s. m.* chute de terre.

É-car-te-ler, *v. a.* mettre un criminel en quartier.

É-cer-ve-lé, *a.* léger.

É-chan-til-lon, *s. m.* modèle.

É-ché-an-ce, *s. f.* terme de payement.

É-che-ve-lé, *a.* qui a les cheveux en désordre.

LEÇON XX

É-cla-bous-ser, *v. a.* faire jaillir la boue.

É-co-bu-er, *v. a.* peler une terre.

É-co-no-mie, *s. f.* épargne.

É-cor-nu-re, *s. f.* éclat d'un angle.

É-cri-toi-re, *s. f.* encrier.

É-di-fi-ant, *a.* qui porte à la vertu.

É-di-fi-ce, *s. m.* monument.

Ef-fa-rou-cher, *v. a.* effrayer.

Ef-fé-mi-né, *a.* faible, mou.

Ef-fi-ca-ce, *a.* qui produit son effet.

Ef-frac-ti-on, *s. f.* fracture pour voler.

Ef-fro-ya-ble, *a.* épouvantable.

Ef-fu-si-on, *s. f.* épanchement.

É-go-ïs-te, *a.* qui ne pense qu'à soi.

É-gra-ti-gner, *v. a.* écorcher la peau.

É-la-bo-ré, *a.* travaillé.

É-lan-ce-ment, *s. m.* douleur subite.

É-las-ti-que, *a.* qui a du ressort.

É-lec-ti-on, *s. f.* choix.

É-lec-tri-ser, *v. a.* animer, enflammer.

É-lé-gan-ce, *s. f.* recherche, grâce.

É-li-gi-ble, *a.* qui peut être élu.

É-li-mi-ner, *v. a.* écarter.

LEÇON XXI

É-li-si-on, *s. f.* suppression.

Em-bla-vu-re, *s. f.* terre en blé.

Em-bou-chu-re, *s. f.* entrée d'un fleuve dans la mer.

Em-bran-che-ment, *s. m.* réunion de chemins, de tuyaux.

Em-bus-ca-de, *s. f.* embûche à couvert.

É-mer-veil-ler, *v. a.* étonner.

É-mé-ti-que, *s. m.* vomitif.

É-mis-si-on, *s. f.* action d'émettre.

É-mo-lu-ment, *s. m.* gain, *pl.* appointements.

É-mo-ti-on, *s. f.* trouble.

Em-pel-le-ment, *s. m.* vanne, bonde.

Em-pha-ti-que, *a.* affecté.

Em-pi-ri-que, *s. m.* charlatan.

Em-pla-ce-ment, *s. m.* place.

En-co-lu-re, *s. f.* haut du corps du cheval.

En-cou-ra-ger, *v. a.* exciter.

En-dom-ma-ger, *v. a.* détériorer.

En-gre-na-ge, *s. m.* dents de roue.

En-i-vre-ment, *s. m.* ivresse.

En-jo-li-ver, *v. a.* embellir.

En-lu-mi-ner, *v. a.* colorier.

É-nor-mi-té, *s. f.* excès, atrocité.

En-sor-ce-ler, *v. a.* jeter un sort.

En-tre-bail-ler, *v. a.* entr'ouvrir.

LEÇON XXII

En-tre-fai-tes (sur ces), *s. f. pl.* pendant cela.

En-tre-mi-se, *s. f.* médiation.

En-tre-pre-nant, *a.* hardi.

En-tre-pri-se, *s. f.* exécution.

En-tre-te-nir, *v. a.* tenir en état pour conserver.

É-nu-mé-rer, *v. a.* dénombrer.

En-ve-lop-per, *v. a.* entourer.

En-ver-gu-re, *s. f.* étendue des ailes.

É-par-pil-ler, *v. a.* jeter ça et là.

É-phé-mè-re, *a.* qui ne dure qu'un jour, de peu de durée.

É-pi-dé-mie, *s. f.* maladie qui attaque beaucoup de monde.

É-pi-der-me, *s. m.* première peau.

É-pi-gram-me, *s. m.* mot piquant.

É-pis-co-pat, *s. m.* dignité d'évêque.

É-pi-so-de, *s. m.* action incidente.

É-pi-ta-phe, *s. f.* inscription de tombeau.

É-pi-thè-te, *s. f.* adjectif.

É-pous-se-ter, *v. a.* ôter la poussière.

É-pou-van-te, *s. f.* terreur.

É-qui-no-xe, *s. m.* temps où les jours et les nuits sont égaux.

LEÇON XXIII

É-qui-va-lent, *a.* de même valeur.

É-qui-vo-que, *a.* à double sens.

É-rup-tion, *s. f.* sortie subite.

Es-cou-a-de, *s. f.* détachement.

Es-sen-ti-el, *a.* nécessaire.

Es-ta-fet-te, *s. f.* courrier.

Es-tam-pil-le, *s. f.* timbre.

Es-tro-pi-er, *v. a.* mutiler.

É-ta-ma-ge, *s. m.* enduit d'étain

É-tin-cel-le, *s. f.* parcelle de feu, vivacité.

É-ti-quet-te, *s. f.* écriteau, cérémonial.

É-ton-ne-ment, *s. m.* surprise, admiration.

É-tran-ge-té, *s. f.* bizarrerie.

Eu-cha-ris-tie, *s. f.* sacrement.

Eu-co-lo-ge, *s. m.* livre de prières.

É-va-cu-er, *v. a.* sortir.

É-va-lu-er, *v. a.* estimer.

É-van-gi-le, *s. m.* loi de N.-S. Jésus-Christ.

É-va-po-ré, *a.* étourdi.

É-va-si-on, *s. f.* fuite secrète.

É-vè-ne-ment, *s. m.* ce qui arrive.

LEÇON XXIV

É-ven-tu-el, *a.* incertain.

É-ver-tu-er (s') *v. p.* s'efforcer de,

Ex-ac-ti-on, *s. f.* act. d'exiger trop.

Ex-a-gé-ré, *a.* enthousiaste.

—

Ex-a-gé-rer, v. a. grossir, ou-trer.

Ex-a-mi-ner, v. a. considérer, peser.

Ex-as-pé-rer, v. a. irriter à l'excès.

Ex-cel-len-ce, s. f. titre.

Ex-cur-si-on, s. f. course.

Ex-é-cra-ble, a. horrible, très-mauvais.

Ex-é-cu-ta nt, s. m. qui joue d'un instrument.

Ex-é-cu-teur, s. m. bourreau.

Ex-em-plai-re, s. m. copie.

Ex-or-bi-tant, a. démesuré, prodigieux.

Ex-or-ci-ser, v. a. chasser le démon.

Ex-pé-di-tif, a. qui fait vite.

Ex-pli-ci-te, a. clair, formel.

Ex-ten-si-on, s. f. action d'é-tendre.

Ex-té-ri-eur, a. qui est au de-hors.

LEÇON XXV

Ex-tinc-ti-on, s. f. fin, aboli-tion.

Ex-tra-va-gant, a. fou.

Ex-tré-mi-té, s. f. agonie, bout.

Ex-u-bé-rant, a. surabondant.

Fa-bu-lis-te, s. m. auteur de fables.

Fac-si-mi-le, s. m. imitation parfaite.

Fal-la-ci-eux, a. trompeur.

Fal-si-fi-er, v. a. altérer.

Fa-na-ti-que, a. exalté.

Fan-tas-ti-que, a. chiméri-que.

Fas-ti-di-eux, a. très-ennuyeux.

Fa-ta-li-té, s. f. destin, malheur constant.

Fa-vo-ra-ble, a. propice.

Fa-vo-ri-ser, v. a. protéger.

Fé-bri-fu-ge, a. qui chasse la fièvre.

Fé-li-ci-té, s. f. bonheur.

Fé-li-ci-ter, v. a. complimen-ter.

Fer-à-che-val, s. m. escalier, table en demi-cercle.

Fi-gu-ré-ment, adv. par méta-phore.

LEÇON XXVI

Fi-lo-sel-le, s. f. grosse soie.

Fleg-ma-ti-que, a. difficile à émouvoir.

Fo-li-a-cé, a. de la nature des feuilles.

Fon-dri-è-re, s. f. marécage.

For-fan-te-rie, s. f. hâblerie.

For-ma-li-ser (se), v. p. s'offen-ser de.

For-ma-li-té, s. f. formule de droit.

For-mi-da-ble. a. redoutable.

For-te-res-se, s. f. place forte.

Fra-tri-ci-de, s. m. qui a tué son frère, sa sœur.

Fré-né-ti-que, a. furieux.

Fron-ti-spi-ce, s. m. face d'un édifice, titre d'un livre.

Fru-gi-vo-re, *a.* qui vit de végétaux.

Fu-né-rail-les, *s. f. pl.* sépulture.

Fu-si-for-me, *a.* en fuseau.

Fu-sil-la-de, *s. f.* coups de fusil.

Gal-li-cis-me, *s. m.* idiotisme français.

Gal-va-nis-me, *s. m.* électricité par contact.

Gas-pil-la-ge, *s. m.* dissipation.

Gas-tro-no-me, *s. m.* gourmet.

Ga-zouil-le-ment, *s. m.* chant des oiseaux.

Gé-mis-se-ment, *s. m.* cri plaintif.

LEÇON XXVII

Gen-til-hom-me, *s. m.* de race noble.

Gen-til-les-se, *s. f.* finesse, grâce.

Gé-o-gra-phie, *s. f.* description de la terre.

Gé-o-lo-gie, *s. f.* histoire naturelle de la terre.

Gé-o-mé-trie, *s. f.* science des mesures.

Gé-o-mè-tre, *s. m.* arpenteur.

Ger-ma-nis-me, *s. m.* idiotisme allemand.

Ges-ti-cu-ler, *v. n.* faire trop de gestes.

Gib-bo-si-té, *s. f.* bosse.

Gi-gan-tes-que, *a.* de géant.

Glo-ri-fi-er, *v. a.* rendre gloire.

Glo-ri-o-le, *s. f.* petite vanité.

Gra-ci-a-ble, *a.* rémissible.

Gra-da-ti-on, *s. f.* augmentation successive.

Gram-ma-ti-cal, *a.* de la grammaire.

Gran-di-o-se, *a.* noble, élevé.

Gra-ti-fi-er, *v. a.* donner.

Gra-ti-tu-de, *s. f.* reconnaissance.

Gra-tui-te-ment, *adv.* pour rien.

Gym-nas-ti-que, *s. f.* exercice du corps.

LEÇON XXVIII

Ha-bi-le-té, *s. f.* capacité.

Ha-bil-le-ment, *s. m.* vêtement.

Ha-bi-tu-de, *s. f.* coutume.

* Ha-ïs-sa-ble, *a.* inspirant de la haine.

Har-mo-ni-eux, *a.* agréable, musical.

Har-mo-ni-que, *a.* concordant.

Hé-ca-tom-be, *s. f.* sacrifice de cent bœufs.

Hec-to-gram-me, — li-tre, — mè-tre, — stè-re, *s. m.* cent grammes, etc.

Hel-lé-nis-te, *s. m.* savant en grec.

Hel-vé-ti-que, *a.* de la Suisse.

Hé-mi-sphè-re, *s. m.* moitié du globe.

Hé-mi-sti-che, *s. m.* moitié d'un vers.

Hé-mor-rha-gie, *s. f.* perte de sang.

* Hen-nis-se-ment, *s. m.* cri du cheval.

Hep-ta-go-ne, *a.* à sept côtés.

Hér-al-di-que, *a.* (art) des armoiries.

Her-bi-vo-re, *a.* qui vit d'herbe.

Her-bo-ri-ser, *v. a.* chercher des plantes.

Hé-ré-di-té, *s. f.* héritage.

Hé-ro-ïs-me, *s. m.* action de héros.

Hi-la-ri-té, *s. f.* joie, gaieté.

LEÇON XXIX

Hip-po-dro-me, *s. m.* lieu pour les courses de chevaux.

His-to-riet-te, *s. f.* petite histoire.

His-to-ri-que, *a.* d'histoire.

Ho-lo-caus-te, *s. m.* sacrifice.

Ho-mi-ci-de, *s. m.* meurtre, meurtrier.

Ho-mo-gè-ne, *a.* de même nature.

Ho-mo-ny-me, *a.* de même nom.

Ho-no-ra-ble, *a.* qui fait honneur.

Ho-no-rai-res, *s. m. pl.* appointements.

Ho-ro-sco-pe, *s. m.* prédiction d'après les astres.

Hos-ti-li-té, *s. f.* act. d'ennemi.

Hô-tel-le-rie, *s. f.* auberge.

Hu-ma-ni-té, *s. f.* bonté, *pl.* hautes études.

Hu-mi-li-er, *v. a.* mortifier, abaisser.

Hu-mi-li-té, *s. f.* modestie, soumission.

Hy-drau-li-que, *s. f.* art d'élever les eaux.

Hy-dro-pho-bie, *s. f.* rage.

Hy-per-bo-le, *s. f.* exagération.

Hy-po-cri-sie, *s. f.* fausse apparence.

Hy-po-cri-te, *a.* faux.

Hy-po-thè-se, *s. f.* supposition.

LEÇON XXX

I-den-ti-que, *a.* le même.

I-di-o-me, *s. m.* dialecte, patois.

I-do-lâ-tre, *s. m.* païen.

I-do-lâ-trie, *s. f.* adoration des idoles.

I-do-lâ-trer, *v. a.* aimer avec passion.

I-gno-mi-nie, *s. f.* opprobre.

I-gno-ran-ce, *s. f.* manque de savoir.

I-gno-ran-tin, *s. m.* frère de la doctrine chrétienne.

Il-li-ci-te, *a.* défendu.

Il-li-mi-té, *a.* sans borne.

Il-li-si-ble, *a.* qu'on ne peut lire.

Il-lu-mi-né, *a.* visionnaire.

Il-lu-mi-ner, *v. a.* éclairer.

Il-lu-si-on, *s. f.* apparence trompeuse.

Il-lu-soi-re, *a.* inutile, captieux.

I-ma-gi-ner, *v. a.* inventer, *p.* croire.
Im-bé-ci-le, *a.* faible d'esprit.
Im-ma-cu-lé, *a.* sans tache.

Im-man-qua-ble, *a.* infaillible.
Im-mer-sion, *s. f.* act. de plonger.
Im-mo-bi-le, *a.* fixe.

LEÇON XXXI

Im-mo-dé-ré, *a.* excessif.
Im-mu-a-ble, *a.* qui ne peut changer.
Im-mu-ni-té, *s. f.* exemption.
Im-par-ti-al, *a.* juste, équitable.
Im-pas-si-ble, *a.* insensible.
Im-pa-ti-ent, *a.* vif, agité.
Im-pé-ri-al, *a.* de l'empire.
Im-pé-ri-eux, *a.* altier.
Im-per-ti-nent, *a.* insolent.
Im-pé-tu-eux, *a.* violent.
Im-pla-ca-ble, *a.* qu'on ne peut apaiser.

Im-pli-ci-te, *a.* compris dans.
Im-por-tu-ner, *v. a.* ennuyer.
Im-po-sa-ble, *a.* sujet à l'impôt.
Im-pos-tu-re, *s. f.* mensonge.
Im-pres-si-on, *s. f.* empreinte, sentiment.
Im-pro-vi-ser, *v. a.* composer de suite.
Im-pro-vis-te (à l'), *adv.* tout à coup.
Im-pu-den-ce, *s. f.* effronterie.
Im-pu-ni-té, *s. f.* manque de punition.

LEÇON XXXII

Im-pu-ta-ble, *a.* qu'on peut attribuer.
In-a-ni-mé, *a.* sans vie.
In-au-gu-rer, *v. a.* consacrer, installer.
In-can-des-cent, *a.* blanchi par le feu.
In-car-cé-rer, *v. a.* emprisonner.
In-ces-si-ble, *a.* qu'on ne peut céder.
In-ci-si-on, *s. f.* coupure.
In-co-gni-to, *adv.* sans être connu.
In-co-hé-rent, *a.* sans liaison.
In-com-pé-tent, *a.* incapable.

In-con-ve-nant, *a.* malhonnête.
In-cor-po-rer, *v. a.* mêler, réunir.
In-cré-du-le, *a.* qui ne croit pas.
In-cu-ra-ble, *a.* qu'on ne peut guérir.
In-dé-fi-ni, *a.* sans limites.
In-dem-ni-ser, *v. a.* dédommager.
In-di-gè-ne, *a.* né dans un pays.
In-di-gni-té, *s. f.* bassesse, affront.
In-dul-gen-ce, *s. f.* bonté, pardon.
In-ef-fa-ble, *a.* inexprimable.

LEÇON XXXIII

In-fail-li-ble, *a.* certain.
In-fan-te-rie, *s. f.* soldats à pied.
In-fa-tu-er, *v. p.* s'engouer.
In-fir-mi-té, *s. f.* maladie.
In-flam-ma-ble, *a.* qui prend feu facilement.
In-fle-xi-ble, *a.* inexorable.
In-gé-ni-eux, *a.* plein d'esprit.
I-ni-mi-tié, *s. f.* haine.
In-hé-ren-ce, *s. f.* union.
I-ni-ti-er, *v. a.* admettre, instruire.
In-jonc-ti-on. *s. f.* ordre.
In oc-ta-vo, *s. m.* livre dont les feuilles sont pliées en huit feuillets.
I-no-cu-ler, *v. a.* communiquer.
I-no-pi-né, *a.* imprévu.
In-si-di-eux, *a.* qui tend à tromper.
In-si-pi-de, *a.* sans saveur, ennuyeux.
In-so-li-te, *a.* extraordinaire.
In-sol-va-ble, *a.* qui ne peut payer.
In-sou-ci-ant, *a.* négligent.
In-stan-ta-né, *a.* fait en un instant.

LEÇON XXXIV

In-sti-ga-teur, *a.* qui pousse à.
In-sti-tu-er, *v. a.* établir, nommer.
In-stru-men-ter, *v. a.* faire des actes publics.
In-su-lai-re, *s. m.* habitant d'une île.
In-tel-li-gent, *a.* qui comprend.
In-ten-dan-ce, *s. f.* administration.
In-ten-si-té, *s. f.* force, ardeur.
In-ten-ti-on, *s. f.* projet, volonté.
In-ter-ca-ler, *v. a.* insérer.
In-ter-cé-der, *v. n.* prier pour quelqu'un.
In-ter-cep-ter, *v. a.* interrompre le cours, s'emparer.
In-ter-di-re, *v. a.* prohiber.
In-té-res-sé, *a.* avare.
In-té-ri-eur, *s. m.* vie privée, conscience.
In-ter-mit-tent, *a.* qui cesse et reprend.
In-ter-pel-ler, *v. a.* presser de répondre.
In-ter-pré-ter, *v. a.* expliquer.
In-ter-ro-ger, *v. a.* questionner.
In-ter-sti-ce, *s. m.* intervalle.
In-ter-ver-tir, *v. a.* changer l'ordre.

LEÇON XXXV

In-ti-mi-der, *v. a.* troubler.
In-tré-pi-de, *a.* brave.
In-tro-dui-re, *v. a.* donner entrée.
In-tui-ti-on, *s. f.* perception interne.
In-va-li-der, *v. a.* rendre nul.
In-va-si-on, *s. f.* irruption.

In-vec-ti-ve, *s. f.* parole inju-
rieuse.

In-vé-té-ré, *a.* enraciné.

In-vin-ci-ble, *a.* qu'on ne peut
vaincre.

I-o-ni-que, *a.* ordre d'architecture.

I-ras-ci-ble, *a.* prompt à s'irriter.

Is-la-mis-me, *s. m.* mahomé-
tisme.

Ju-di-ci-eux. *a.* sage, discret.

Ju-ri-di-que, *a.* selon le droit.

Jus-ti-fi-er, *v. a.* prouver.

Ki-lo-gram-me,—mè-tre, *s. m.*
mille grammes, etc.

Ky-ri-el-le, *s. f.* longue suite.

La-bo-ri-eux, *a.* studieux, pénible.

La-co-ni-que, *a.* concis, serré.

La-men-ta-ble, *a.* plaintif.

La-pi-dai-re, *s. m.* marchand
de pierres précieuses.

Las-si-tu-de, *s. f.* fatigue, dé-
goût, ennui.

La-ti-tu-de, *s. f.* étendue, liberté d'agir.

Lé-gis-la-teur, *s. m.* qui fait des
lois.

Lé-gi-ti-me, *a.* né du mariage
légal.

Lé-si-ne-rie, *s. f.* avarice.

LEÇON XXXVI

Li-bé-ra-teur, *s. m.* sauveur.

Li-bi-di-neux, *a.* dissolu.

Li-cen-cie-ment, *s. m.* congé.

Li-cen-ci-eux, *a.* déréglé.

Li-mi-tro-phe, *a.* sur les limites.

Li-qui-fi-er, *v. a.* rendre liquide.

Li-tho-gra-phe, *s. m.* graveur
sur pierre.

Li-tho-gra-phie, *s. f.* art de gra-
ver sur pierre, dessin.

Li-ti-gi-eux, *a.* contesté.

Lo-ca-tai-re, *s. m.* qui tient à
louage.

Lo-cu-ti-on, *s. f.* façon de parler.

Lon-gé-vi-té, *s. f.* longue vie.

Lu-xu-ri-ant, *a.* trop fertile.

Ma-ca-ro-ni, *s. m.* pâte d'Italie.

Ma-gni-fi-que, *a.* somptueux,
brillant.

Ma-jor-do-me, *s. m.* maître
d'hôtel.

Ma-jo-ri-té, *s. f.* état de majeur,
vingt et un ans, le plus grand
nombre.

Ma-la-dres-se, *s. f.* bévue, gau-
cherie.

Mal-a-vi-sé, *a.* imprudent.

LEÇON XXXVII

Ma-lé-fi-ce, *s. m.* action de
nuire.

Ma-len-con-treux, *a.* malheureux.

Ma-len-ten-du, *s. m.* erreur.

Ma-li-gni-té, *s. f.* penchant au
mal.

Mal-veil-lan-ce, *s. f.* intention
de nuire.

Mam-mi-fè-re, *a.* à mamelles.

Ma-ni-a-que, *a.* fou.

Ma-ni-fes-te, *a.* notoire, évident.

Ma-ni-fes-te, *s. m.* proclamation.

Ma-ni-gan-ce, *s. f.* intrigue.

Ma-ri-a-ge, *s. m.* union légale de l'homme et de la femme.

Ma-ri-ti-me, *a.* de la mer.

Mar-ty-ri-ser, *v. a.* faire souffrir.

Ma-té-ri-el, *a.* grossier, lourd.

Ma-xil-lai-re, *a.* des machoires.

Mé-ca-ni-que, *s. f.* science des machines.

Mé-chan-ce-té, *s. f.* mauvaise action.

Mé-con-naî-tre, *v. a.* ne pas reconnaître.

Mé-di-a-teur, *s. m.* conciliateur.

Mé-di-ca-ment, *s. m.* remède.

LEÇON XXXVIII

Mé-di-o-cre, *a.* ni bon ni mauvais.

Mé-di-san-ce, *s. f.* act. de médire.

Mé-fi-an-ce, *s. f.* soupçon en mal.

Mé-lan-co-li-e, *s. f.* tristesse.

Mé-lo-dra-me, *s. m.* drame avec chant.

Mé-mo-ra-ble, *a.* remarquable.

Mé-mo-ra-tif, *a.* qui se souvient.

Mé-na-ge-ri-e, *s. f.* collection d'animaux vivants.

Men-di-ci-té, *s. f.* grande misère.

Mé-né-tri-er, *s. m.* qui fait danser.

Mé-phi-ti-que, *a.* infect.

Mes-qui-ne-rie, *s. f.* petitesse.

Mé-tal-lur-gie, *s. f.* science des métaux.

Mé-ta-pho-re, *s. f.* figure.

Mé-té-o-re, *s. m.* phénomène dans l'air.

Mé-ti-cu-leux, *a.* craintif à l'excès.

Mé-tro-po-le, *s. f.* (ville) capitale.

Meur-tri-è-re, *s. f.* petite ouverture.

Meur-tris-su-re, *s. f.* blessure.

Mi-au-le-ment, *s. m.* cri du chat.

Mi-cro-sco-pe, *s. m.* instr. d'optique.

Mi-li-tai-re, *s. m.* soldat.

LEÇON XXXIX

Mil-lé-si-me, *s. m.* date sur une pièce de monnaie.

Mil-li-ai-re, *a,* marquant les milles.

Mi-nis-tè-re, *s. m.* palais et bureaux d'un ministre, aide, soin.

Mi-no-ri-té, *s. f.* le plus petit nombre.

Mi-nus-cu-le, *s. f.* petite lettre.

Mi-ra-cu-leux, *a.* merveilleux.

Mi-san-thro-pe, *s. m.* qui hait les hommes.

Mi-san-thro-pie, s. f. aversion pour les hommes.

Mo-bi-li-té, s. f. facilité à être mu, inconstance.

Mo-di-ci-té, s. f. état modique.

Moi-sis-su-re, s. f. corruption.

Mo-nas-tè-re, s. m. couvent.

Mo-né-tai-re , a. des monnaies.

Mo-no-po-le, s. m. commerce exclusif.

Mo-no-to-ne, a. ennuyeux, sur un seul ton.

Mont-de-Pié-té, s. m. établissement où l'on prête sur gage.

Mon-ti-cu-le, s. m. petit mont.

Mo-ra-li-ser, v. a. rendre meilleur.

Mor-ta-li-té, s. f. mort, épidémie.

Mor-ti-fi-ant, a. chagrinant.

LEÇON XL

Mu-co-si-té, s. f, humeur visqueuse.

Mul-ti-pli-er, v. a. augmenter, répandre.

Mul-ti-tu-de, s. f. foule, le vulgaire.

Mu-ni-ti-ons, s. f. pl. provisions de guerre.

Mus-cu-lai-re, a. des muscles.

Mu-si-ci-en, s. m. qui fait de la musique.

Mu-ta-ti-on, s. f. changement.

Mys-té-ri-eux, a. secret, caché.

Na-ï-ve-té, s. f. simplicité.

Nan-tis-se-ment, s. m. gage.

Na-po-lé-on , s. m. pièce de vingt francs.

Nar-co-ti-que, a. qui endort.

Nar-ra-ti-on, s. f. récit.

Na-ta-ti-on, s. f. art de nager.

Na-ti-o-nal, a. de la nation.

Na-ti-vi-té, s. f. naissance.

Nau-sé-a-bond, a. qui cause des nausées.

Na-vi-ga-ble, a. qui porte bateau

Né-ces-sai-re, a. indispensable.

Né-ces-si-té, s. f. besoin, pénurie.

Né-cro-lo-gie, s. f. article sur un mort.

LEÇON XLI

Né-cro-man-cie, s. m. magie.

Né-ga-ti-on, s. f. act. de nier.

Né-go-ci-ant, s. m. commerçant.

Ni-co-ti-ne, s. f. tabac.

Ni-vel-le-ment, s. m. act. de niveler.

No-mi-na-tif, s. m. sujet.

Non-cha-lem-ment, adv. lentement.

Non-cha-lan-ce, s. f. indolence.

No-ti-fi-er, v. a. faire savoir.

No-to-rié-té, s. f. évidence.

Nour-ri-tu-re, s. f. aliments.

Nou-vel-le-ment, adv. récemment.

Nu-mé-rai-re , s. m. argent monnayé.

Nu-mé-ri-que, a. de nombre.

Nu-mis-ma-te, s. m. amateur de médailles.

O-bé-is-sant, a. qui obéit.

O-bé-lis-que, *s. m.* pyramide étroite.

O-bé-si-té, *s. f.* excès d'embonpoint.

Ob-jec-ti-on, *s. f.* difficulté.

O-bli-qui-té, *s. f.* inclinaison.

Obs-cu-ri-té, *s. f.* absence de clarté.

LEÇON XLII

Ob-sé-qui-eux, *a.* poli à l'excès.

Ob-ser-van-ce, *s. f.* pratique de la règle.

Ob-struc-ti-on, *s. f.* engorgement.

Ob-tem-pé-rer, *v. n.* obéir, déférer à.

Ob-ten-ti-on, *s. f.* act. d'obtenir.

Oc-ca-si-on, *s. f.* rencontre, sujet.

O-cu-lai-re, *a.* qui a vu.

O-cu-lis-te, *s. m.* médecin pour les yeux.

Of-fen-si-ve, *s. f.* attaque.

Of-fi-ci-el, *a.* déclaré par l'autorité.

Of-fi-ci-eux, *a.* obligeant.

Oi-si-ve-té, *s. f.* inaction, paresse.

O-li-vâ-tre, *a.* couleur d'olive.

Om-ni-vo-re, *a.* qui mange de tout.

O-mo-pla-te, *s. m.* os plat de l'épaule.

Op-ti-mis-te, *s. m.* qui trouve tout pour le mieux.

O-pu-len-ce, *s. f.* grande richesse.

O-pus-cu-le, *s. m.* petit ouvrage.

Or-di-nai-re, *a.* commun, médiocre.

Or-don-nan-ce, *s. f.* décret, réglement.

LEÇON XLIII

Or-fé-vre-rie, *s. f.* art de l'orfèvre.

Or-ga-ni-ser, *v. a.* mettre en ordre.

Or-ga-nis-te, *s. m.* qui touche de l'orgue.

O-ri-fi-ce. *s. f.* ouverture.

O-ri-flam-me, *s. f.* étendard.

O-ri-gi-nal, *a.* primitif, bizarre.

O-ri-gi-ne, *s. f.* commencement.

Or-tho-do-xe, *a.* conforme à la doctrine.

Or-tho-gra-phe, *s. f.* art d'é-

crire correctement les mots d'une langue.

Os-sa-tu-re, *s. f.* l'ensemble des os.

Os-si-fi-er, *v. a.* changer en os.

Os-ten-si-ble, *a.* visible.

Os-tra-cis-me, *s. m.* bannissement.

Ou-bli-et-tes, *s. f. pl.* ancien cachot.

Ou-tre-pas-ser, *v. a.* aller au delà.

Ou-ver-te-ment, *adv.* franchement, publiquement.

Ou-ver-tu-re, *s. f.* trou, proposition.

O-va-ti-on, *s. f.* triomphe.

Pa-ci-fi-er, *v. a.* rétablir la paix.

Pa-ga-nis-me, *s. m.* religion païenne.

Pa-le-fre-nier, *s. m.* garçon d'écurie.

Pa-lis-sa-de, *s. f.* clôture en pieux.

Pal-li-a-tif, *a.* adoucissant.

Pa-no-ra-ma, *s. m.* tableau circulaire.

LEÇON XLIV

Pan-to-mi-me, *s. f.* jeu muet.

Pa-pe-ras-se, *s. f.* papier inutile.

Pa-pil-lo-ter, *v. n.* se dit des yeux qui ne se fixent pas, avoir des reflets inégaux.

Pa-ra-bo-le, *s. f.* allégorie.

Pa-ra-ly-ser, *v. a.* rendre inutile.

Pa-ren-thè-se, *s. f.* phrase incidente.

Par-le-men-ter, *v. n.* négocier.

Pa-ro-xis-me, *s. m.* accès.

Par-ti-ci-per, *v. n.* prendre part.

Pas-se-par-tout, *s. m.* clef commune.

Pa-ter-ni-té, *s. m.* état de père.

Pa-thé-ti-que, *a.* émouvant.

Pa-tri-ar-che, *s. m.* chef, vieillard.

Pa-tri-moi-ne, *s. m.* héritage de ses pères.

Pa-tro-na-ge, *s. m.* protection.

Pa-tu-ra-ge, *s. m.* lieu pour paître.

Pec-ca-dil-le, *s. f.* faute légère.

Pé-dan-tes-que, *a.* de pédant.

Pé-des-tre-ment, *adv.* (aller) à pied.

LEÇON XLV

Pé-di-cu-re, *s. m.* qui soigne les pieds.

Pê-le-mê-le, *adv.* confusément.

Pé-nin-su-le, *s. f.* presqu'île.

Pé-ni-ten-ce, *s. f.* repentir, punition.

Pen-si-on-nat, *s. m.* maison d'éducation.

Pé-nul-tiè-me, *a.* avant-dernier.

Pé-pi-niè-re, *s. f.* plant de jeunes arbres.

Per-cep-ti-on, *s. f.* recette.

Per-cus-si-on, *s. f.* coup.

Per-di-ti-on, *s. f.* ruine.

Pé-remp-toi-re, *a.* absolu, positif.

Per-fec-ti-on, *s. f.* état parfait.

Pé-ri-mè-tre, *s. m.* contour.

Pé-ri-o-de, *s. f.* époque, phrase à plusieurs membres.

Pé-ri-phra-se, *s. f.* circonlocution.

Pé-ris-sa-ble, *a.* sujet à périr.

Pé-ri-sty-le, *s. m.* galerie avec colonnes.

Per-mis-si-on, *s. f.* liberté de faire.

Per-ni-ci-eux, *a.* nuisible.

Pé-ro-rai-son, *s. f.* conclusion d'un discours.

Per-pé-tui-té, *s. f.* durée continue.

Per-ple-xi-té, *s. f.* irrésolution.

LEÇON XLVI

Pér-sé-cu-ter, *v. a.* tyranniser.

Per-sis-tan-ce, *s. f.* constance.

Per-ver-si-té, *s. f.* méchanceté.

Pé-ti-ti-on, *s. f.* requête, adresse.

Pé-tri-fi-er, *v. a.* changer en pierre, stupéfier.

Phé-no-mè-ne, *s. m.* chose extraordinaire.

Phi-lan-thro-pe, *s. m.* ami des hommes.

Phi-lo-lo-gue, *s. m.* savant.

Phi-lo-so-phe, *s. m.* sage.

Pi-to-ya-ble, *a.* piteux.

Pit-to-res-que, *a.* d'un grand effet.

Pla-gi-ai-re, *s. m.* qui pille les ouvrages d'autrui.

Pla-te-ban-de, *s. f.* bordure de parterre.

Pla-te-for-me, *s. f.* terrasse.

Pla-to-ni-que, *a.* chaste.

Plé-ni-tu-de, *s. f.* abondance.

Po-lé-mi-que, *s. f.* dispute.

Po-li-tes-se, *s. f.* civilité.

Po-li-ti-que, *a.* fin, adroit.

Po-li-ti-que, *s. f.* art de gouverner.

LEÇON XLVII

Po-ly-glot-te, *a.* écrit en plusieurs langues.

Pon-ti-fi-cat, *s. m.* dignité de pontife.

Po-pu-la-ce, *s. f.* le bas peuple

Po-pu-lai-re, *a.* du peuple, affable.

Por-te-feuil-le, *s. m.* carnet.

Po-si-ti-on, *s. f.* situation.

Pos-té-ri-té, *s. f.* les descendants.

Pra-ti-ca-ble, *a.* faisable.

Pré-a-la-ble, *a.* qui précède.

Pré-am-bu-le, *s. m.* exorde.

Pré-ci-pi-ce, *s. m.* gouffre.

Pré-ci-pi-ter, *v. a.* jeter en bas, hâter trop.

Pré-co-ni-ser, *v. a.* louer à l'excès.

Pré-di-ca-teur, *s. m.* qui prêche.

Pré-é-mi-nent, *a.* qui excelle.

Pré-ju-di-ce, *s. m.* tort, dommage.

LEÇON XLVIII

Pré-ma-tu-ré, *a.* avant le temps.

Pré-pon-dé-rant, *a.* qui a plus de poids.

Pré-somp-ti-on, *s. f.* supposition, vanité.

Pré-somp-tu-eux, *a.* fat, arrogant.

Pré-ten-ti-on, *s. f.* droit qu'on croit avoir sur, fatuité.

Pré-va-ri-quer, *v. n.* agir frauduleusement.

Pré-vi-si-on, *s. f.* vue de l'avenir.

Pri-mor-di-al, *a.* primitif.

Prin-ci-pau-té, *s. f.* pays gouverné par un prince.

Prin-ci-pi-on, *s. m.* petit prince.

Pri-o-ri-té, *s. f.* antériorité.

Pri-vi-lé-ge, *s. m.* faveur, exclusion.

Pro-ces-si-on, *s. f.* marche solennelle.

Pro-di-gi-eux, *a.* merveilleux.

Pro-fes-si-on, *s. f.* état, condition.

Pro-gres-si-on, *s. f.* marche en avant et par degrés.

Pro-fu-si-on, *s. f.* excès.

Pro-lé-tai-re, *a.* qui n'a rien.

Pro-mo-ti-on, *s. f.* élection.

Promp-ti-tu-de, *s. f.* diligence.

Pre-mul-guer, *v. a.* publier.

Pro-nos-ti-quer, *v. a.* prédire.

LEÇON XLIX

Pro-por-ti-on, *s. f.* convenance et rapport.

Pro-pri-é-té, *s. f.* droit exclusif, qualité.

Pros-pé-ri-té, *s. f.* succès, richesses.

Pro-tec-ti-on, *s. f.* défense.

Pro-vi-den-ce, *s. f.* sagesse suprême.

Pro-vi-si-on, *s. f.* subsistance.

Pro-vi-soi-re, *a.* temporaire.

Pro-xi-mi-té, *s. f.* voisinage.

Psal-mo-di-er, *v. n.* dire des psaumes.

Pu-bli-ci-té, *s. f.* notoriété.

Pul-sa-ti-on, *s. f.* battement du pouls.

Pul-vé-ri-ser, *v. a.* réduire en poudre.

Pu-tré-fi-er, *v. a.* corrompre.

Py-ra-mi-de, *s. f.* solide terminé en pointe.

Qua-dri-en-nal, *a.* qui dure quatre ans.

Qua-dru-ma-ne, *a.* à quatre mains.

Qua-dru-pè-de, *a.* à quatre pieds.

Qua-li-fi-er, *v. a.* attribuer une qualité.

LEÇON L

Qui-é-tu-de, *s. f.* repos.

Quin-tes-sen-ce, *s. f.* ce qu'il y a d'essentiel.

Quo-ti-di-en, *a.* de chaque jour.

Rac-co-mo-der, *v. a.* remettre en état.

Rac-cor-de-ment, *s. m.* union, jonction.

Raf-fi-ne-ment, *s. m.* grande subtilité.

Rai-son-ne-ment, *s. m.* argument.

Ra-mi-fi-er (se), *v. p.* se partager en branches.

Ra-pa-ci-té, *s. f.* avidité.

Ra-pe-tas-ser, *v. a.* rapiécer.

Ra-pe-tis-ser, *v. a.* rendre plus petit.

Rap-pa-reil-ler, *v. a.* assortir.

Ra-ré-fi-er, *v. a.* dilater.

Ras-sa-si-er , *v. a.* satisfaire l'appétit.

Ras-sé-ré-ner, *v. p.* devenir serein.

Ra-ti-fi-er, *v. a.* approuver.

Ra-ti-on-nel, *a.* selon la raison.

Ra-va-le-ment , *s. m.* crépi , abaissement.

Ra-vi-tail-ler, *v. a.* mettre des vivres, des munitions dans une place.

Ré-a-li-té, *s. f.* vérité.

LEÇON LI

Ré-bel-li-on, *s. f.* révolte.

Re-buf-fa-de, *s. f.* mauvais accueil.

Ré-cal-ci-trant, *a.* rétif.

Re-cen-se-ment, *s. m.* dénombrement.

Ré-cé-pis-sé, *s. m.* reçu.

Ré-cep-ta-cle, *s. m.* lieu de rassemblement.

Re-ce-va-ble, *a.* admissible.

Ré-ci-di-ve, *s. f.* rechute dans une faute.

Ré-ci-pro-que, *a.* mutuel.

Ré-clu-si-on, *s. f.* détention.

Re-com-man-der, *v. a.* prier d'avoir soin.

Ré-com-pen-se, *s. f.* rémunération.

Ré-cré-a-tif, *a.* amusant.

Rec-ti-fi-er, *v. a.* corriger.

Rec-ti-tu-de, *s. f.* justesse d'esprit.

Re-cueil-le-ment, *s. m.* méditation.

Ré-demp-ti-on, *s. f.* rachat.

Re-de-van-ce, *s. f.* rente.

Re-don-dan-ce, *s. f.* superfluité de mots.

LEÇON LII

Ré-duc-ti-on, *s. f.* diminution.

Ré-fec-toi-re, *s. m.* salle à manger.

Ré-fle-xi-on, *s. f.* pensée, réverbération.

Ré-frac-tai-re, *s. m.* rebelle.

Ré-gé-né-rer, *v. a.* engendrer de nouveau.

Ré-gi-ci-de, *s. m.* assassin de roi.

Ré-in-té-grer, *v. a.* remettre en possession.

Ré-i-té-rer, *v. a.* faire ou dire de nouveau.

Re-la-ti-on, *s. f.* liaison, récit.

Re-li-gi-on, *s. f.* croyance, culte.

Re-mar-qua-ble, *a.* digne d'observation.

Re-mer-cie-ment, *s. m.* action de grâces.

Ré-mis-si-ble, *a.* pardonnable.

Re-mon-tran-ce, *s. f.* avis, reproche.

Re-nou-ve-ler, *v. a.* rendre nouveau.

Ren-sei-gne-ment, *s. m.* indice.

Ré-per-cu-ter, *v. a.* réfléchir.

Ré-pri-man-de, *s. f.* blâme.

Ré-pul-si-on, *s. f.* action de repousser.

Ré-si-li-er, *v. a.* casser un acte.

LEÇON LIII

Res-pon-sa-ble, *a.* garant.

Res-sus-ci-ter, *v. a.* rendre à la vie.

Res-ti-tu-er, *v. a.* rendre.

Res-tric-ti-on, *s. f.* modification.

Ré-tro-ac-tif, *a.* qui agit sur le passé.

Ré-tro-gra-der, *v. n.* reculer.

Re-ven-di-quer, *v. a.* réclamer la propriété de.

Ré-vé-ren-ce, *s. f.* salut, respect.

Re-ver-si-ble, *a.* qui doit retourner à...

Ré-vi-si-on, *s. f.* nouvel examen.

Rhé-to-ri-que, *s. f.* art de bien dire.

Rhu-ma-tis-me, *s. m.* douleur.

Ri-di-cu-le, *a.* digne de risée.

Ri-go-ris-me, *s. m.* morale trop sévère.

Ri-va-li-té, *s. f.* concurrence.

Ro-man-ti-que, *a.* (genre) du roman, opposé au classique.

Ro-ta-ti-on, *s. f.* mouvement circulaire.

Roy-a-lis-te, *s. m.* partisan du roi.

Ru-gis-se-ment, *s. m.* cri du lion, etc.

Rus-ti-ci-té, *s. f.* grossièreté.

LEÇON LIV

Sa-cra-men-tal, tel, *a.* relatif aux choses sacrées.

Sa-cri-fi-er, *v. a.* immoler, renoncer, *p.* se dévouer.

Sa-cri-lé-ge, *s. m.* profanation.

Sa-ga-ci-té, *s. f.* discernement.

Sa-lu-tai-re, *a.* bon pour la santé.

Sanc-ti-fi-er, *v. a.* célébrer, rendre saint.

San-gui-nai-re, *a.* cruel.

San-gui-no-lent, *a.* mêlé de sang.

Sar-co-pha-ge, *s. m.* tombeau vide.

Sar-do-ni-que, *a.* railleur.

Sa-tel-li-te, *s. m.* planète subalterne.

Sa-ti-ri-que, *a.* critique, mordant.

Sau-va-ge-rie, *s. f.* dégoût du monde.

Sau-ve-gar-de, *s. f.* garantie.

Scan-da-li-ser, *v. a.* causer du scandale, *p.* s'offenser.

Schis-ma-ti-que, *a.* qui fait scission.

Sé-che-res-se, *s. f.* état, temps sec.

Se-con-dai-re, *a.* accessoire.

Se-cré-tai-re, *s. m.* qui écrit pour un autre.

Sé-cu-lai-re, *a.* de siècle en siècle.

Sé-cu-ri-té, *s. f.* confiance, protection.

LEÇON LV

Sé-den-tai-re, *a.* qui sort peu.

Sé-di-ti-eux, *a.* factieux.

Sé-duc-ti-on, *s. f.* captation.

Se-mes-tri-el, *a.* de six en six mois.

Sé-mi-nai-re, *s. m.* collége ecclésiastique.

Sen-sa-ti-on, *s. f.* impression par les sens.

Sen-ten-ci-eux, *a.* plein de maxime.

Sen-ti-nel-le, *s. m.* soldat en faction.

Sep-ten-tri-on, *s. m.* le nord.

Sé-pul-tu-re, *s. f.* action d'inhumer.

Ser-vi-a-ble, *a.* officieux.

Ser-vi-tu-de, *s. f.* esclavage.

Si-gna-tu-re, *s. f.* nom et paraphe.

Si-gni-fi-er, *v. a.* dénoter, marquer.

Si-len-ci-eux, *a.* taciturne.

Si-mi-lai-re, *a.* de même nature.

Si-mu-la-cre, *s. m.* image.

Si-mul-ta-né, *a.* fait en même temps.

So-bri-é-té, *s. f.* tempérance.

So-ci-a-ble, *a.* fait pour la société.

So-len-ni-té, *s. f.* cérémonie, pompe.

So-li-lo-que, *s. m.* monologue.

LEÇON LVI

So-li-tai-re, *a.* retiré, désert.

Sol-li-ci-ter, *v. a.* postuler.

So-lu-ti-on, *s. f.* explication, division.

Som-nam-bu-le, *s. a.* qui agit en dormant.

Som-no-len-ce, *s. f.* assoupissement.

So-phis-ti-quer, *v. a.* frelater.

Sor-ti-lé-ge, *s. m.* magie.

Sous-cu-ta-né, *a.* sous la peau.

Spé-ci-fi-er, *v. a.* particulariser.

Spi-ri-tu-el, *a.* incorporel, pur, ingénieux.

Spi-ri-tu-eux, *a.* volatil.

Sta-bi-li-té, *s. f.* fermeté, constance.

Sta-tu-ai-re, *s. m.* sculpteur de statues.

Sté-no-gra-phe, *s. m.* qui écrit aussi vite qu'on parle.

Stra-ta-gè-me, *s. m.* ruse.

Stra-ti-fi-er, *v. a.* ranger par couches.

Stu-pé-fi-er, *v. a.* étonner.

Sub-al-ter-ne, *a.* subordonné.

Sub-mer-si-on, *s. f.* plongeon.

Su-bor-don-né, *a.* dépendant de.

Su-brep-ti-ce, *a.* furtif et illicite.

Sub-stan-ti-el, *a.* solide, réel.

Sub-ven-ti-on, *s. f.* secours en argent.

LEÇON LVII

Sub-ver-si-on, *s. f.* destruction.

Suc-ces-si-on, *s. f.* série, hérédité.

Suf-fi-san-ce, *s. f.* qui suffit, fatuité.

Sug-ges-ti-on, *s. f.* inspiration.

Sur-a-bon-dant, *a.* superflu.

Su-per-che-rie, *s. f.* fraude subtile.

Su-per-fi-cie, *s. f.* surface.

Su-pé-ri-eur, *s. m.* chef.

Su-pé-ri-eur, *a.* qui est au-dessus.

Sus-cep-ti-ble, *a.* impressionnable.

Sus-pen-si-on, *s. f.* cessation momentanée.

Syn-o-ny-me, *a.* qui a le même sens.

Syn-op-ti-que, *a.* qui se voit d'un coup d'œil.

Ta-ber-na-cle, *s. m.* coffre où l'on renferme le saint ciboire.

Ta-ci-tur-ne, *a.* qui parle peu, sombre, rêveur.

Té-lé-gra-phe, *s. m.* machine pour correspondre par signaux.

Té-le-sco-pe, *s. m.* instrument d'optique.

Té-mé-ri-té, *s. f.* audace.

Tem-pé-ra-ment, *s. m.* caractère, état.

Tem-pé-ran-ce, *s. f.* sobriété.

LEÇON LVIII

Tem-po-rai-re, *a.* momentané.

Tem-po-ri-ser, *v. n.* gagner du temps.

Ten-ta-ti-on, *s. f.* vif désir.

Ten-ta-ti-ve, *s. f.* essai.

Ter-gi-ver-ser, *v. n.* hésiter.

Ter-ri-fi-er, *v. a.* épouvanter.

Ter-ri-toi-re, *s. m.* terre dépendante.

Thé-o-cra-tie, *s. m.* gouvernement des prêtres.

Thé-o-lo-gie, *s. f.* traité de la divinité.

Thé-sau-ri-ser, *v. n.* amasser de l'argent.

Ti-mi-di-té, *s. f.* manque de hardiesse.

To-po-gra-phie, *s. f.* description d'un lieu.

To-ré-a-dor, *s. m.* qui combat les taureaux.

Tor-ré-fi-er, *v. a.* rôtir.

Tor-ti-co-lis, *s. m.* mal de cou.

Tra-cas-se-rie, *s. f.* chicane.

Tra-di-ti-on, *s. f.* qui se transmet.

Tran-quil-li-té, *s. f.* calme.

Tran-sac-ti-on, *s. f.* accommodement, affaire.

Trans-crip-ti-on, *s. f.* copie d'un acte.

Trans-gres-si-on, *s. f.* infraction.

Trans-fi-gu-ré, *a.* changé.

6

LEÇON LIX

Tran-si-toi-re, *a* passager.

Tré-so-re-rie, *s. f.* finances d'un État.

Tri-bu-tai-re, *a.* qui paye le tribut, sujet.

Tri-mes-tri-el, *a.* de trois en trois mois.

Tris-an-nu-el, *a.* qui dure trois ans.

Tris-syl-la-be, *s. m.* mot de trois syllabes.

Tu-ber-cu-le, *s. m.* excroissance.

Tu-mé-fi-er, *v. a.* causer une tumeur.

Tu-mul-tu-eux, *a.* confus, bruyant.

Ty-po-gra-phie, *s. f.* art de l'imprimerie.

U-bi-qui-té, *s. f.* omniprésence.

Ul-té-ri-eur, *a.* qui est au delà.

Ul-ti-ma-tum, *s. m.* dernières conditions.

U-na-ni-me, *a.* de tout le monde.

U-ni-for-me, *s. m.* habit; *a.* pareil.

U-ni-ver-sel, *a.* qui s'étend à tout.

Ur-ba-ni-té, *s. f.* politesse.

Us-ten-si-le, *s. m.* outil de ménage.

U-su-rai-re, *a.* avec usure.

U-ti-li-ser, *v. a.* employer.

LEÇON LX

U-ti-li-té, *s. f.* avantage, usage.

Va-gis-se-ment, *s. m.* cri des nouveau-nés.

Vail-lan-ti-se, *s. f.* bravade.

Va-li-di-té, *s. f.* valeur d'un acte.

Van-da-lis-me, *s. m.* système destructif des arts.

Va-ri-a-ble, *a.* changeant.

Vé-lo-ci-té, *s. f.* vitesse.

Vé-né-ra-ble, *a.* respectable.

Vé-ra-ci-té, *s. f.* vérité.

Vé-ri-di-que, *a.* qui dit la vérité.

Vé-ri-fi-er, *v. a.* comparer.

Vé-ri-ta-ble, *a.* vrai.

Ver-si-fi-er, *v. n.* faire des vers.

Ves-ti-ai-re, *s. m.* lieu pour serrer les habits.

Ve-xa-ti-on, *s. f.* tourment.

Vi-bra-ti-on, *s. f.* mouvement, tremblement.

Vi-ca-ri-at, *s. m.* fonction de vicaire.

Vic-tu-ail-le, *s. f.* vivres.

Vi-gi-lan-ce, *s. f.* attention, soin.

LEÇON LXI

Vi-o-len-ce, *s. f.* véhémence.

Vi-tri-fi-er, *v. a.* convertir en verre.

Vi-va-ci-té, *s. f.* activité, ardeur, éclat.

Vo-ca-li-ser, *v. n.* chanter les notes.

Vo-ca-ti-on, *s. f.* penchant.

Vo-ci-fé-rer, *v. n.* crier en public.

Vo-lup-tu-eux, *a.* adonné aux plaisirs.

Vo-ra-ci-té, *s. f.* avidité à manger.

Vrai-sem-bla-ble, *a.* qui paraît vrai.

Vul-ga-ri-ser, *v. a.* répandre.

Zo-di-a-que, *s. m.* cercle de la sphère divisé en 12 signes.

Zo-o-li-the, *s. m.* animal pétrifié.

Zo-o-phy-te, *s. m.* animal-plante.

DIVISION V

Contenant les mots de cinq syllabes.

LEÇON I

Ab-di-ca-ti-on, *s. f.* acte de renoncer.

A-bé-cé-dai-re, *s. m.* livre pour apprendre à lire.

Ab-er-ra-ti-on, *s. f.* erreur.

Ab-ju-ra-ti-on, *s. f.* action de renoncer à une croyance.

A-bo-li-ti-on, *s. f.* abrogation.

A-bro-ga-ti-on, *s. f.* annulation.

A-bru-tis-se-ment, *s. m.* stupidité.

Ab-so-lu-ti-on, *s. f.* rémission.

Ac-cep-ta-ti-on, *s. f.* action d'accepter.

Ac-cla-ma-ti-on, *s. f.* cri de joie.

Ac-cu-sa-ti-on, *s. f.* plainte.

Ac-qui-es-ce-ment, *s. m.* adhésion.

Ac-qui-si-ti-on, *s. f.* achat.

Ac-ti-on-nai-re, *s. m.* intéressé dans.

Ac-tu-a-li-té, *s. f.* manière d'être présentement.

Ad-di-ti-on-nel, *a.* qui est ajouté.

Ad-mi-ra-ti-on, *s. f.* action d'admirer.

LEÇON II

A-do-les-cen-ce, *s. f.* âge entre l'enfance et la jeunesse.

A-do-ra-ti-on, *s. f.* hommage.

A-du-la-ti-on, *s. f.* basse flatterie.

A-é-ro-li-the, *s. f.* pierre tombée du ciel.

A-é-ro-nau-te, *s. m.* qui voyage dans un aérostat.

Af-fa-bi-li-té, *s. f.* manières douces.

Af-fec-ta-tion, *s. f.* recherche, exagération.

A-gré-ga-ti-on, *s. f.* association, réunion.

A-gro-no-mi-que, *a.* d'agriculture.

A-lié-na-ti-on, *s. f.* vente, folie.

Al-lé-ga-ti-on, *s. f.* citation.

Al-lo-ca-ti-on, *s. f.* action d'al-louer.

Al-lo-cu-ti-on, *s. f.* harangue militaire.

Al-ter-ca-ti-on, *s. f.* contesta-tion.

Al-ter-na-ti-ve, *s. f.* choix, ini-tiative.

A-ma-bi-li-té, *s. f.* action d'être aimable.

Am-bi-ti-on-ner, *v. a.* recher-cher.

A-mé-li-o-rer, *v. a.* rendre meilleur.

A-mé-na-ger, *v. a.* régler les coupes de bois.

Am-phi-bo-lo-gie, *s. f.* double sens.

Am-phi-thé-à-tre, *s. m.* enceinte avec gradins.

Am-pu-ta-ti-on, *s. f.* action de couper un membre.

A-na-cho-rè-te, *s. m.* ermite.

A-na-chro-nis-me, *s. m.* erreur de date.

LEÇON III

A-ni-ma-ti-on, *s. f.* vie, mou-vement.

A-ni-mo-si-té, *s. f.* haine.

An-ni-ver-sai-re, *s. m.* fête an-nuelle.

An-ta-go-nis-te, *s. m.* adver-saire.

An-thro-po-pha-ge, *s. m.* qui mange de la chair humaine.

A-po-ca-lyp-se, *s. f.* révélation.

A-pos-to-li-que, *a.* d'apôtre.

A-po-thé-o-se, *s. f.* déification.

A-po-thi-cai-re, *s. m.* qui pré-pare les remèdes.

Ap-pa-ri-ti-on, *s. f.* présence subite.

Ap-pen-di-ce, *s. m.* supplément.

Ap-pli-ca-ti-on, *s. f.* apposition, attention.

Ap-pré-hen-si-on, *s. f.* crainte, idée.

Ap-pren-tis-sa-ge, *s. m.* essai, noviciat.

Ap-pro-ba-ti-on, *s. f.* assenti-ment.

Ap-pro-xi-ma-tif, *a.* à peu près exact.

Ar-ché-o-lo-gie, *s. f.* science des antiques.

A-ré-o-pa-ge, *s. m.* tribunal d'Athènes.

A-ris-to-cra-te, *s. m.* noble.

LEÇON IV

A-rith-mé-ti-que, *s. f.* science du calcul.

Ar-ti-fi-ci-el, *a.* fait par art.

Ar-ti-fi-ci-eux, *a.* plein de ruses.

At-tes-ta-ti-on, *s. f.* certificat.

At-tri-bu-ti-on, *s. f.* concession, pouvoir.

Au-ri-cu-lai-re, *a.* de l'oreille.

Au-xi-li-ai-re, *a.* qui aide.

A-ver-tis-se-ment, *s. m.* avis, préface.

Bar-ce-lon-net-té, *s. f.* lit d'enfant.

Ba-ri-o-lu-re, *s. f.* moucheture.

Bé-a-ti-tu-de, *s. f.* félicité éternelle.

Bé-né-di-ci-té, *s. m.* prière avant le repas.

Bé-né-dic-ti-on, *s. f.* action de bénir.

Bé-né-fi-ci-er, *v. n.* tirer profit.

Bi-bli-o-phi-le, *s. m.* qui aime les livres.

Bi-bli-o-thè-que, *s. f.* lieu où l'on serre les livres.

Bi-bli-o-gra-phie, *s. f.* traité des livres.

Blas-phé-ma-toi-re, *a.* impie.

Ca-lom-ni-a-teur, *s. m.* qui calomnie.

Ca-lo-ri-fè-re, *s. m.* sorte de poêle.

Ca-pi-ta-ti-on, *s. f.* taxe par tête.

Ca-té-chu-mè-ne, *s. m.* qu'on catéchise.

Ca-té-go-ri-que, *a.* positif.

Ca-tho-li-cis-me, *s. m.* religion catholique.

LEÇON V

Cau-ti-on-ne-ment, *s. m.* garantie.

Cé-lé-bra-ti-on, *s. f.* fête solennelle.

Cé-li-ba-tai-re, *s. a.* non marié.

Cé-ré-mo-ni-al, *s. m.* étiquette.

Char-bon de ter-re, *s. m.* fossile combustible.

Char-la-ta-nis-me, *s. m.* imposture.

Che-va-le-res-que, *a.* noble.

Chris-ti-a-nis-me, *s. m.* doctrine de N.-S. Jésus-Christ.

Chro-no-lo-gi-que, *a.* qui a rapport au temps.

Cir-con-fé-ren-ce, *s. f.* le tour d'une sphère.

Cir-con-scrip-ti-on, *s. f.* limite.

Cir-con-spec-ti-on, *s. f.* retenu.

Cir-cu-la-ti-on, *s. f.* mouvement en rond.

Co-a-li-ti-on, *s. f.* ligue.

Co-er-ci-ti-on, *s. f.* contrainte.

Co-ex-is-ten-ce, *s. f.* simultanéité.

Co-ïn-ci-den-ce, *s. f.* rencontre.

Com-mé-mo-ra-tif, *a.* qui rappelle le souvenir.

Com-mu-ni-ca-tif, *a.* ouvert.

LEÇON VI

Com-pa-ru-ti-on, *s. f.* action de comparaître.

Com-pa-tri-o-te, *s. m.* du même pays.

Com-pli-ca-ti-on, *s. f.* confusion, réunion.

Com-po-si-ti-on, *s. f.* accord, mélange.

Com-pré-hen-si-ble, *a.* concevable.

Comp-ta-bi-li-té, *s. f.* état des comptes.

Con-des-cen-dan-ce, s. f. complaisance.

Con-di-ti-on-né, a. en état.

Con-di-ti-on-nel, a. sous condition.

Con-do-lé-an-ce, s. f. regret.

Con-fir-ma-ti-on, s. f. preuve évidente, sacrement.

Con-fla-gra-ti-on, s. f. incendie général.

Con-gré-ga-ti-on, s. f. confrérie.

Con-sci-en-ci-eux, a. scrupuleux.

Con-ser-va-toi-re, s. m. école, musée.

Cons-ter-na-ti-on, s. f. ébahissement.

Con-sti-tu-ti-on, s. f. état du corps, base de gouvernement.

Con-subs-tan-ti-el, a. de même substance.

Con-sul-ta-ti-on, s. f. action de prendre avis.

Con-tem-pla-ti-on, s. f. méditation, admiration.

LEÇON VII

Con-tri-bu-a-ble, a. soumis à l'impôt.

Con-tri-bu-ti-on, s. f. impôt.

Con-va-les-cen-ce, s. f. état de relever de maladie.

Con-vo-ca-ti-on, s. f. appel, réunion.

Cor-po-ra-ti-on, s. f. association.

Cor-ré-la-tion, s. f. relation réciproque.

Cos-mo-po-li-te, a. sans demeure fixe.

Cré-pi-ta-ti-on, s. f. petillement.

Cu-né-i-for-me, a. en forme de coin.

Cu-ri-o-si-té, s. f. indiscrétion, chose rare.

Dé-can-ta-ti-on, s. f. action de transvaser.

Dé-co-ra-ti-on, s. f. ornement.

Dé-con-fi-tu-re, s. f. faillite, déroute.

Dé-con-si-dé-rer, v. a. ôter l'estime.

Dé-con-te-nan-cer, v. a. rendre interdit.

Dé-cré-pi-tu-de, s. f. dernier terme de la vieillesse.

Dé-fal-ca-ti-on, s. f. diminution.

Dé-fi-ni-ti-on, s. f. explication.

LEÇON VIII

Dé-gra-da-ti-on, s. f. avilissement.

Dé-li-ca-tes-se, s. f. faiblesse, soin, finesse.

Dé-mar-ca-ti-on, s. f. limite.

Dé-mo-li-ti-on, s. f. décombres.

Dé-mons-tra-ti-on, s. f. preuve, leçon.

Dé-né-ga-ti-on, *s. f.* action de nier.

Dé-per-di-ti-on, *s. f.* perte.

Dé-pé-ris-se-ment. *s. m.* décadence.

Dé-por-ta-ti-on, *s. f.* exil.

Dé-po-si-ti-on, *s. f.* témoignage.

Dé-pré-da-ti-on, *s. f.* vol.

Dé-ri-va-ti-on, *s. f.* origine.

Dés-ap-poin-te-ment, *s. m.* contre-temps.

Dés-a-van-ta-geux, *a.* préjudiciable.

Dés-o-ri-en-ter, *v. a.* déconcerter.

Des-si-ca-ti-on, *s. f.* dessèchement.

Des-ti-na-ti-on, *s. f.* emploi projeté.

Des-ti-tu-ti-on, *s. f.* privation d'un emploi.

Dé-su-é-tu-de, *s. f.* non usage.

LEÇON IX

Dé-ton-na-ti-on, *s. f.* bruit d'une arme à feu.

Dé-vas-ta-ti-on, *s. f.* ruine.

Di-a-lec-ti-que, *s. f.* art de raisonner.

Dic-ti-on-nai-re, *s. m.* livre de mots avec leur signification.

Dif-fa-ma-ti-on, *s. f.* calomnie.

Di-la-ta-ti-on, *s. f.* extension.

Dis-lo-ca-ti-on, *s. f.* déboîtement.

Dis-po-si-ti-on, *s. f.* arrangement, aptitude, dessein.

Dis-pro-por-ti-on, *s. f.* inégalité.

Dis-ser-ta-ti-on, *s. f.* discussion, examen.

Dis-so-lu-ti-on, *s. f.* action de dissoudre.

Di-va-ga-ti-on, *s. f.* digression.

É-ba-his-se-ment, *s. m.* surprise.

É-clair-cis-se-ment, *s. m.* explication.

É-du-ca-ti-on, *s. f.* manière d'élever un enfant au physique et au moral.

Ef-fer-ves-cen-ce, *s. f.* ébullition, ardeur.

Ef-fi-ca-ci-té, *s. f.* pouvoir, vertu.

Ef-flo-res-cen-ce, *s. f.* floraison.

É-lec-tu-ai-re, *s. f.* drogue.

LEÇON X

É-lé-va-ti-on, *s. m.* grandeur, hauteur.

É-lo-cu-ti-on, *s. f.* diction, style.

É-ma-na-ti-on, *s. f.* ce qui émane.

É-mu-la-ti-on, *s. f.* désir d'égaler.

En-cy-clo-pé-die, *s. f.* traité de toutes les sciences.

En-se-men-ce-ment, *s. m.* action de semer.

En-va-his-se-ment, *s. m.* usur-
pation.

É-pi-zo-o-tie, *s. f.* maladie contagieuse des bestiaux.

É-pou-van-ta-ble, *a.* effrayant.

É-qui-la-té-ral, *a.* à côtés égaux.

É-qui-pon-dé-rant, *a.* égal en
poids.

É-qui-ta-ti-on, *s. f.* art de monter à cheval.

É-ru-di-ti-on, *s. f.* savoir profond.

Es-ti-ma-ti-on, *s. f.* évaluation.

É-ty-mo-lo-gie, *s. f.* origine
des mots.

É-van-gé-li-que, *a.* selon l'Évan-
gile.

Ex-al-ta-ti-on, *s. f.* élévation.

Ex-cla-ma-ti-on, *s. f.* cri subit.

Ex-com-mu-ni-er, *v. a.* exclure
de la communion de l'Église.

Ex-é-cra-ti-on, *s. f.* horreur.

Ex-ha-la-ti-on, *s. f.* vapeur.

Ex-hi-bi-ti-on, *s. f.* exposition.

LEÇON XI

Ex-hor-ta-ti-on, *s. f.* encoura-
gement.

Ex-pec-ta-ti-ve, *s. f.* attente.

Ex-pi-a-ti-on, *s. f.* action de
réparer une faute.

Ex-pi-ra-ti-on, *s. f.* fin.

Ex-pli-ca-ti-on, *s. f.* éclaircis-
sement.

Ex-plo-ra-ti-on, *s. f.* examen
minutieux.

Ex-por-ta-ti-on, *s. f.* commerce
extérieur.

Ex-po-si-ti-on, *s. f.* interpréta-
tion, étalage.

Ex-tir-pa-ti-on, *s. f.* action
d'arracher.

Fa-bri-ca-ti-on, *s. f.* action de
fabriquer.

Fas-ci-na-ti-on, *s. f.* prestige,
charme.

Fé-dé-ra-ti-on, *s. f.* alliance.

Fer-men-ta-ti-on, *s. f.* agitation.

Fi-li-a-ti-on, *s. f.* généalogie,
liaison.

Fla-gel-la-ti-on, *s. f.* action de
fouetter.

Fluc-tu-a-ti-on, *s. f.* variation.

Fo-men-ta-ti-on, *s. f.* action de
bassiner, excitation.

Fran-ci-sa-ti-on, *s. f.* acte qui
déclare Français.

LEÇON XII

Ful-mi-na-ti-on, *s. f.* explo-
sion.

Fu-mi-ga-ti-on, *s. f.* bain de
vapeur.

Fus-ti-ga-ti-on, *s. f.* action de
fouetter.

Ga-li-ma-ti-as, *s. m.* discours
confus.

Gé-né-a-lo-gie, *s. f.* suite
d'aïeux.

Gé-né-ra-li-ser, *v. a.* étendre à
tous.

Gé-né-ra-li-té, *s. f.* la plus
grande partie.

Gé-né-ra-ti-on, *s. f.* postérité,
production.

Gé-né-ro-si-té, *s. f.* libéralité, grandeur d'âme.

Gé-nu-fle-xi-on, *s. f.* action de fléchir le genoux.

Ger-mi-na-ti-on, *s. f.* premier développement du germe.

Gra-nu-la-ti-on, *s. f.* réduction en grenaille.

Gra-nu-li-for-me, *a.* en petits grains.

Gra-vi-ta-ti-on, *s. f.* action de tendre au centre.

Ha-bi-ta-ti-on, *s. f.* demeure.

Heb-do-ma-daire, *a.* de chaque semaine.

Hé-ré-di-tai-re, *a.* qu'on hérite.

Her-mé-ti-que-ment, *adv.* entièrement.

Hé-si-ta-ti-on, *s. f.* incertitude.

Hé-té-ro-do-xe, *a.* contraire à la vraie doctrine.

Hé-té-ro-gè-ne, *a.* de nature différente.

Ho-no-ri-fi-que, *a.* d'honneur.

LEÇON XIII

Hor-ti-cul-tu-re, *s. f.* art de cultiver les jardins.

Hos-pi-ta-li-té, *s. f.* act. de loger gratuitement.

Hy-gi-é-ni-que, *a.* salutaire.

Hy-po-thé-ti-que, *a.* supposé.

I-di-o-tis-me, *s. m.* locution propre à une langue.

Il-lé-ga-li-té, *s. f.* act. contraire à la loi.

Il-lé-gi-ti-me, *a.* non légitime, injuste.

Il-lus-tra-ti-on, *s. f.* éclat, célébrité.

I-ma-gi-nai-re, *a.* idéal.

Im-bé-cil-li-té, *s. f.* faiblesse d'esprit.

I-mi-ta-ti-on, *s. f.* ressemblance.

Im-ma-té-ri-el, *a.* sans matière.

Im-mé-mo-ri-al, *a.* très-ancien.

Im-mo-la-ti-on, *s. f.* sacrifice.

Im-pa-ti-en-ce, *s. f.* agitation, vif désir.

Im-pé-né-tra-ble, *a.* qui ne peut être percé.

Im-pé-ni-ten-ce, *s. f.* endurcissement.

Im-pé-ra-tri-ce, *s. f.* femme d'un empereur.

Im-per-cep-ti-ble, *a.* si petit qu'on ne le voit pas.

Im-per-fec-ti-on, *s. f.* défaut.

LEÇON XIV

Im-per-tur-ba-ble, *a.* qu'on ne peut troubler.

Im-pi-to-ya-ble, *a.* sans pitié.

Im-pli-ca-ti-on, *s. f.* complicité.

Im-por-ta-ti-on, *s. f.* introduction de marchandises étrangères.

Im-por-tu-ni-té, *s. f.* assiduité ennuyeuse.

Im-pra-ti-ca-ble, *a.* impossible à faire.

Im-pré-ca-ti-on, *s. f.* malédiction.

Im-pu-ta-ti-on, *s. f.* accusation.

I-nac-ces-si-ble, *a.* qu'on ne peut atteindre.

In-ac-ti-vi-té, *s. f.* repos.

In-ad-ver-tan-ce, *s. f.* défaut d'attention.

In-a-mo-vi-ble, *a.* qui ne peut être déplacé.

In-a-ni-ti-on, *s. f.* faiblesse causée par le manque de nourriture.

In-cer-ti-tu-de, *s. f.* doute.

In-cli-na-ti-on, *s. f.* amour, affection.

In-co-hé-ren-ce, *s. f.* manque de liaison.

In-com-bus-ti-ble, *a.* qui ne brûle pas.

In-com-pa-ti-ble, *a.* antipathique.

In-con-tes-ta-ble, *a.* positif, certain.

In-con-vé-ni-ent, *s. m.* obstacle, ennui.

LEÇON XV

In-cor-ri-gi-ble, *a.* indocile, opiniâtre.

In-cré-du-li-té, *s. f.* manque de foi.

In-crus-ta-ti-on, *s. f.* revêtement.

In-cur-va-ti-on, *s. f.* act. de courber.

In-dé-chif-fra-ble, *a.* illisible.

In-dé-ci-si-on, *s. f.* irrésolution.

In-dé-lé-bi-le, *a.* ineffaçable.

In-dé-ter-mi-né, *a.* irrésolu, indéfini.

In-di-ca-ti-on, *s. f.* signe.

In-di-gna-ti-on, *s. f.* colère et mépris.

In-dis-cré-ti-on, *s. f.* manque de jugement.

In-dis-pen-sa-ble, *a.* nécessaire.

In-di-vi-du-el, *a.* particulier.

In-di-vi-si-on, *s. f.* état indivis.

In-du-bi-ta-ble, *a.* certain, assuré.

I-nex-o-ra-ble, *a.* inflexible.

I-nex-pu-gna-ble, *a.* imprenable.

In-ex-tin-gui-ble, *a.* qu'on ne peut éteindre.

In-ex-tri-ca-ble, *a.* embrouillé, obscur.

In-flam-ma-ti-on, *s. f.* ardeur du sang.

In-hu-ma-ni-té, *s. f.* cruauté.

In-hu-ma-ti-on, *s. f.* enterrement.

LEÇON XVI

In-no-va-ti-on, *s. f.* changement.

In-ob-ser-van-ce, *s. f.* contravention.

In-on-da-ti-on, *s. f.* débordement.

In-or-ga-ni-que, *a.* brut.

In-qui-é-tu-de, *s. f.* trouble.

In-qui-si-ti-on , *s. f.* recherche.

In-sa-ti-a-ble, *a.* qu'on ne peut
rassasier.

In-sec-ti-vo-re, *a.* qui vit d'in-
sectes.

In-si-gni-fi-ant, *a.* qui n'a pas
de sens.

In-sti-tu-ti-on, *s. f.* collége, établissement,

In-su-bor-don-né , *a.* récalci-
trant.

In-sur-rec-ti-on, *s. f.* rébel-
lion.

In-tel-li-gi-ble, *a.* aisé à com-
prendre.

In-ter-rup-ti-on, *s. f.* act. d'interrompre.

In-ter-sec-ti-on, *s. f.* point où
deux lignes se coupent.

In-ter-ven-ti-on, *s. f.* act. d'intervenir.

In-to-lé-ra-ble , *a.* insuppor-
table.

In-tré-pi-di-té, *s. f.* courage.

In-tro-duc-ti-on, *s. f.* act. d'in-
troduire, préface.

In-vo-ca-ti-on, *s. f.* prière.

LEÇON XVII

In-vo-lon-tai-re, *a.* sans volonté.

In-vul-né-ra-ble, *a.* qu'on ne
peut blesser.

Ir-ré-fra-ga-ble, *a.* qu'on ne peut
réfuter.

Ir-ré-mis-si-ble, *a.* impardon-
nable.

Ir-ré-vé-ren-ce , *s. f.* manque
de respect.

Ir-ré-vo-ca-ble , *a.* qu'on ne
peut révoquer.

I-ti-né-rai-re , *s. f.* guide de
voyage.

Ju-bi-la-ti-on , *s. f.* grande
joie.

Ju-di-ci-ai-re, *a.* fait en justice.

Ju-ri-dic-ti-on, *s. f.* ressort du
juge, pouvoir.

Ju-ris-con-sul-te, *s. m.* savant
en droit.

Ju-ris-pru-den-ce, *s. f.* science
du droit.

La-men-ta-ti-on, *s. f.* cri plaintif.

Lé-gis-la-ti-on, *s. f.* corps des
lois.

Li-bé-ra-li-té, *s. f.* générosité.

Li-bé-ra-ti-on, *s. f.* décharge,
acquittement.

LEÇON XVIII

Li-mi-ta-ti-on, *s. f.* fixation.

Lit-té-ra-tu-re, *s. f.* belles-let-
tres.

Lo-co-mo-bi-le, *a.* qu'on peut
déplacer

Lo-co-mo-ti-on, *s. f.* faculté de
se mouvoir.

Lon-ga-ni-mi-té, *s. f.* patience.

Ma-chi-na-ti-on, *s. f.* com-
plot.

Ma-de-moi-sel-le, *s. f.* titre des
filles.

Ma-gis-tra-tu-re , *s. f.* dignité
de magistrat.

Ma-gna-ni-mi-té, s. f. grandeur d'âme.

Ma-lé-dic-ti-on, s. f. act. de maudire.

Mal-ver-sa-ti-on, s. f. délit dans un maniement de deniers.

Man-su-é-tu-de, s. f. douceur de caractère.

Ma-nu-fac-tu-re, s. f. usine, fabrique.

Ma-nu-fac-tu-rier, s. m. fabricant.

Ma-nu-ten-ti-on, s. f. soin, gestion.

Mas-ti-ca-ti-on, s. f. act. de mâcher.

Ma-thé-ma-ti-ques, s. f. pl. science des grandeurs.

Ma-tri-mo-ni-al, a. du mariage.

Mé-con-nais-sa-ble, a. qu'on ne peut reconnaître.

Mé-con-ten-te-ment, s. m. déplaisir.

Mé-di-a-ti-on, s. f. intervention.

Mé-di-ca-ti-on, s. f. traitement.

LEÇON XIX

Mé-di-ta-ti-on, s. f. réflexion.

Mé-di-ter-ra-née, s. f. mer au milieu des terres.

Mé-ri-di-o-nal, a. du midi.

Mé-ta-mor-pho-se, s. f. transformation.

Mil-li-on-nai-re, s. f. riche à million.

Mi-sé-ri-cor-de, s. f. pitié.

Mo-dé-ra-ti-on, s. f. retenue, diminution.

Mo-no-syl-la-be, s. m. mot d'une syllabe.

Mons-tru-o-si-té, s. f. chose monstrueuse.

Mul-ti-pli-ci-té, s. f. grand nombre.

Mu-ni-fi-cen-ce, s. f. grande libéralité.

Na-tu-ra-li-ser, v. a. acclimater, donner les droits des naturels.

Na-tu-ra-lis-te, s. m. qui s'occupe d'histoire naturelle.

Na-vi-ga-ti-on, s. f. art et act. de naviguer.

No-men-cla-tu-re, s. f. liste.

No-mi-na-ti-on, s. f. action de nommer.

No-ta-bi-li-tés, s. f. pl. les principaux habitants d'un lieu.

Nu-mé-ra-ti-on, s. f. act. de compter.

LEÇON XX

Nu-mis-ma-ti-que, s. f. science des monnaies et médailles.

O-bé-di-en-ce, s. f. obéissance congé.

O-bé-is-san-ce, s. f. act. d'obéir.

O-bli-ga-ti-on, s. f. devoir, reconnaissance.

O-bli-ga-toi-re, *a.* qui force.

Ob-ser-va-ti-on, *s. f.* remarque.

Ob-ser-va-toi-re, lieu où l'on observe les astres.

Ob-sti-na-ti-on, *s. f.* entêtement

Oc-ca-si-on-ner, *v. a.* causer.

Oc-cu-pa-ti-on, *s. f.* emploi.

Oc-to-gé-nai-re, *s. m.* âgé de 80 ans.

O-do-ri-fé-rant, *a.* qui répand une bonne odeur.

Œ-cu-mé-ni-que, *a.* universel.

Om-ni-po-ten-ce, *s. f.* toute-puissance.

O-pi-ni-â-tre, *a.* entêté.

Op-po-si-ti-on, *s. f.* obstacle.

O-ri-gi-nai-re, *a.* d'origine.

Os-cil-la-ti-on, *s. f.* balance-ment.

Os-ten-si-ble-ment, *adv.* en vue de tous.

Os-ten-ta-ti-on, *s. f.* étalage.

LEÇON XXI

Pa-ci-fi-ca-teur, *s. m.* média-teur.

Pa-gi-na-ti-on, *s. f.* ordre des pages.

Pal-pi-ta-ti-on, *s. f.* battement précipité.

Par-ti-a-li-té, *s. f.* faveur, prévention.

Pa-tri-o-tis-me, *s. m.* amour de la patrie.

Pé-cu-ni-ai-re, *a.* qui consiste en argent.

Pé-né-tra-ti-on, *s. f.* finesse.

Pen-si-on-nai-re, *s. m.* qui paye ou reçoit une pension.

Pé-ri-o-di-que, *a.* qui revient à des temps marqués.

Per-mu-ta-ti-on, *s. f.* échange.

Per-sé-cu-ti-on, *s. f.* vexation.

Pers-pi-ca-ci-té, *s. f.* pénétra-tion d'esprit.

Per-tur-ba-ti-on, *s. f.* trouble.

Pes-ti-len-ti-el, *a.* infecte, con-tagieux.

Po-ly-syl-la-be, *s. m.* mot de plusieurs syllabes.

Ponc-tu-a-ti-on, *s. f.* signe des pauses en écrivant.

Pos-si-bi-li-té, *s. f.* état de ce qui est possible.

Pré-di-ca-ti-on, *s. f.* action de prêcher, sermon.

Pré-di-lec-ti-on, *s. f.* préférence d'affection.

Pré-é-mi-nen-ce, *s. f.* préroga-tive.

LEÇON XXII

Pré-ju-di-ci-er, *v. n.* faire tort.

Pré-li-mi-nai-re, *a.* ce qui pré-cède le principal.

Pré-pa-ra-ti-on, *s. f.* composi-tion.

Pré-ro-ga-ti-ve, *s. f.* privi-lége.

Pro-ba-bi-li-té, *s. f.* vraisem-blance.

Pro-blé-ma-ti-que, *a.* incer-tain.

Pro-cla-ma-ti-on, *s. f.* publication par autorité.

Pro-cu-ra-ti-on, *s. f.* pouvoir
d'agir.

Pro-di-ga-li-té, *s. f.* profusion.

Pro-fa-na-ti-on, *s. f.* souillure
des choses saintes.

Pro-hi-bi-ti-on, *s. f.* interdic-
tion.

Pro-lon-ga-ti-on, *s. f.* délai
allongé.

Pro-mul-ga-ti-on, *s. f.* action
de promulguer.

Pro-pa-ga-ti-on, *s. f.* progrès.

Pro-por-ti-on-nel, *a.* en pro-
portion.

Pro-tes-ta-ti-on, *s. f.* déclaration en opposition.

Pro-vo-ca-ti-on, *s. f.* action de
provoquer.

Pu-bli-ca-ti-on, *s. f.* action de
publier.

LEÇON XXIII

Pu-sil-la-ni-me, *a.* lâche.

Pu-tré-fac-ti-on, *s. f.* corruption.

Qua-dran-gu-lai-re, *a.* à quatre
angles.

Qua-dri-la-tè-re, *s. m.* à quatre
côtés.

Rac-com-mo-de-ment, *s. m.* ré-
conciliation.

Ra-di-a-ti-on, *s. f.* rature.

Ré-ca-pi-tu-ler, *v. a.* résumer.

Ré-ci-pro-ci-té, *s. f.* la pareille
chose.

Ré-cla-ma-ti-on, *s. f.* revendi-
cation.

Re-com-man-da-ble, *a.* esti-
mable.

Re-con-nais-san-ce, *s. f.* souvenir de bienfait.

Ré-cré-a-ti-on, *s. f.* amuse-
ment.

Rec-tan-gu-lai-re, *a.* à angles
droits.

Red-hi-bi-toi-re, *a.* qui annule
une vente.

Re-froi-dis-se-ment, *s. m.* perte
de chaleur.

Ré-fu-ta-ti-on, *s. f.* argument
contre.

Ré-gle-men-tai-re, *a.* selon la
règle.

Re-la-xa-ti-on, *s. f.* mise en
liberté.

Ré-par-ti-ti-on, *s. f.* distribution.

LEÇON XXIV

Ré-pé-ti-ti-on, *s. f.* action de
répéter, leçon.

Ré-pré-hen-si-ble, *a.* blâ-
mable.

Ré-pu-ta-ti-on, *s. f.* renom,
estime.

Ré-qui-si-ti-on, *s. f.* demande,
levée d'hommes.

Ré-si-gna-ti-on, *s. f.* soumission.

Ré-so-lu-ti-on, *s. f.* décision,
courage.

Ré-so-lu-toi-re, *a.* qui résilie
un acte.

Res-ti-tu-ti-on, *s. f.* action de
rendre.

Ré-sur-rec-ti-on, *s. f.* retour à la vie.

Ré-ti-cu-lai-re, *a.* en forme de réseau.

Ré-trac-ta-ti-on, *s. f.* désaveu.

Ré-tri-bu-ti-on, *s. f.* salaire.

Sa-cri-fi-ca-teur, *s. m.* qui sacrifie.

Sa-lu-ta-ti-on, *s. f.* salut, révérence.

Sa-tis-fac-ti-on, *s. f.* contentement, réparation.

Scé-lé-ra-tes-se, *s. f.* perversité.

Sci-en-ti-fi-que, *a.* concernant les sciences.

Scis-si-on-nai-re, *a.* qui fait scission.

Sé-mi-na-ris-te, *s. m.* élève d'un séminaire.

Sen-si-bi-li-té, *s. f.* faculté de recevoir des impressions.

LEÇON XXV

Sé-pa-ra-ti-on, *s. f.* division.

Sep-ten-tri-on-al, *a.* du nord.

Sin-gu-la-ri-té, *s. f.* particularité.

Si-tu-a-ti-on, *s. f.* place, position.

Somp-tu-o-si-té, *s. f.* magnificence.

So-po-ri-fi-que, *a.* qui endort.

Sou-mis-si-on-ner, *v. a.* s'engager à fournir.

Sou-ve-rai-ne-té, *s. f.* puissance suprême.

Spé-cu-la-ti-on, *s. f.* examen, calcul.

Spo-li-a-ti-on, *s. f.* action de déposséder par fraude.

Sta-ti-on-nai-re, *a.* fixe.

Sti-pu-la-ti-on, *s. f.* clause.

Stran-gu-la-ti-on, *s. f.* action d'étrangler.

Stu-pé-fac-ti-on, *s. f.* surprise extraordinaire.

Suf-fo-ca-ti-on, *s. f.* étouffement.

Su-per-sti-ti-on, *s. f.* crédulité outrée.

Sup-plé-men-tai-re, *a.* ajouté.

Sup-pli-ca-ti-on, *s. f.* humble prière.

Sur-in-ten-dan-ce, *s. f.* direction générale.

Sur-nu-mé-rai-re, *s. m.* aspirant à un emploi.

LEÇON XXVI

Ta-ci-tur-ni-té, *s. f.* silence habituel.

Tem-pé-ra-tu-re, *s. f.* état de l'air.

Té-ré-ben-thi-ne, *s. f.* sorte de résine.

Tes-ti-mo-ni-al, *a.* qui rend témoignage.

Tor-ré-fac-ti-on, *s. f.* action de rôtir.

Tra-di-ti-on-nel, *a.* de la tradition.

Trans-for-ma-ti-on, *s. f.* changement de forme.

Trans-mu-ta-ti-on, *s. f.* changement; se dit des métaux.

Trans-pi-ra-ti-on, *s. f.* sueur.

Trans-por-ta-ti-on, *s. f.* bannissement.

Tré-pi-da-ti-on, *s. f.* tremblement.

Tri-an-gu-lai-re, *a.* à trois angles.

Tri-bu-la-ti-on, *s. f.* affliction.

Tri-go-no-mé-trie, *s. f.* art de mesurer les triangles.

Tri-tu-ra-ti-on, *s. f.* broiement.

U-na-ni-mi-té, *s. f.* suffrage général.

U-ni-for-mi-té, *s. f.* ressemblance.

U-ni-la-té-ral, *a.* d'un seul côté.

U-ni-ver-si-té, *s. f.* corps enseignant.

U-sur-pa-ti-on, *s. f.* act. de s'emparer par force ou par ruse.

LEÇON XXVII

Va-ri-a-ti-on, *s. f.* changement.

Vé-gé-ta-ti-on, *s. f.* croissance des plantes.

Vé-né-ra-tion, *s. f.* respect.

Ven-ti-la-tion, *s. f.* donner de l'air, évaluation.

Ver-sa-ti-li-té, *s. f.* inconstance.

Vi-o-la-ti-on, *s. f.* transgression.

Vo-ca-bu-lai-re, *s. m.* petit dictionnaire.

Vo-lu-bi-li-té, *s. f.* promptitude à se mouvoir, précipitation en parlant.

DIVISION VI

Contenant les mots de six et sept syllabes.

LEÇON I

A-bré-vi-a-ti-on, *s. f.* action d'abréger.

A-bo-mi-na-ti-on, *s. f.* détestation.

Ac-cen-tu-a-ti-on, *s. f.* manière d'accentuer.

Ac-cu-mu-la-ti-on, *s. f.* amas.

Ad-ju-di-ca-tai-re, *s. m.* à qui on a adjugé.

Ad-mi-nis-tra-ti-on, *s. f.* direction.

A-mé-li-o-ra-ti-on, *s. f.* épuration, progrès.

Am-pli-fi-ca-ti-on, *s. f.* extension.

A-na-thé-ma-ti-ser, *v. a.* excommunier.

A-né-an-tis-se-ment, *s. m.* ruine.

An-frac-tu-o-si-té, *s. f.* inégalité, détour.

A-ni-mad-ver-si-on, *s. f.* blâme.

An-té-di-lu-vi-en, *a.* avant le déluge.

An-ti-ci-pa-ti-on, *s. f.* avance.

Ap-pré-ci-a-ti-on, *s. f.* estimation.

Ap-pro-pri-a-ti-on, *s. f.* application à un usage spécial.

Ap-pro-vi-si-on-ner, *v. a.* fournir des objets de consommation.

Ar-chi-é-pis-co-pal, *a.* d'archevêque.

Ar-chi-tec-tu-re, *s. f.* art de bâtir.

Ar-ti-cu-la-ti-on, *s. f.* jointure, prononciation.

As-si-mi-la-ti-on, *s. f.* comparaison.

As-so-ci-a-ti-on, *s. f.* société.

LEÇON II

Bi-bli-o-thé-cai-re, *s. m.* gardien d'une bibliothèque.

Bo-ni-fi-ca-ti-on, *s. f.* amélioration.

Ca-pi-tu-la-ti-on, *s. f.* convention, traité.

Ca-rac-té-ris-ti-que, *a.* particulier.

Cir-con-lo-cu-ti-on, *s. f.* périphrase.

Cir-con-val-la-ti-on, *s. f.* fortification.

Ci-vi-li-sa-ti-on, *s. f.* action de policer.

Col-la-bo-ra-ti-on, *s. f.* coopération.

Com-mi-sé-ra-ti-on, *s. f.* pitié.

Com-mu-ni-ca-ti-on, *s. f.* rapport, passage.

Con-fé-dé-ra-ti-on, *s. f.* ligue.

Con-fi-gu-ra-ti-on, *s. f.* forme extérieure.

Con-si-dé-ra-ti-on, *s. f.* estime, réflexion.

Cons-ti-tu-ti-on-nel, *a.* selon la constitution.

Co-o-pé-ra-ti-on, *s. f.* aide, travail commun.

Cor-ro-bo-ra-ti-on, *s. f.* confirmation.

Dé-fec-tu-o-si-té, *s. f.* défaut.

Dé-fi-ni-ti-ve-ment, *adv.* tout à fait.

Dé-gé-né-res-cen-ce, *s. f.* tendance à dégénérer.

Dé-i-fi-ca-ti-on, *s. f.* action de diviniser.

LEÇON III

Dé-li-bé-ra-ti-on, *s. f.* discussion, examen.

Dé-no-mi-na-ti-on, *s. f.* désignation.

Dé-non-ci-a-ti-on, *s. f.* délation, déclaration.

Dé-po-pu-la-ti-on, *s. f.* dépeuplement.

Dés-ap-pro-ba-ti-on, *s. f.* blâme.

Dés-in-té-res-se-ment, *s. m.* générosité.

Dés-or-ga-ni-sa-ti-on, *s. f.* trouble.

Dé-ter-mi-na-ti-on, *s. f.* résolution, décision.

Di-la-pi-da-ti-on, *s. f.* vol des deniers publics.

Dis-si-mi-li-tu-de, *s. f.* différence.

Dis-si-mu-la-ti-on, s. f. hypocrisie, feinte.

Ec-clé-si-as-ti-que, s. m. prêtre; a. d'église.

É-di-fi-ca-ti-on, s. f. action de bâtir.

É-la-bo-ra-ti-on, s. f. travail pénible.

É-man-ci-pa-ti-on, s. f. affranchissement.

Em-py-reu-ma-ti-que, a. qui sent le brûlé.

É-nu-mé-ra-ti-on, s. f. dénombrement.

É-va-cu-a-ti-on, s. f. abandon.

Ex-a-gé-ra-ti-on, s. f. amplification.

Ex-co-ri-a-ti-on, s. f. écorchure.

LEÇON IV

Ex-o-né-ra-ti-on, s. f. affranchissement.

Ex-pan-si-bi-li-té, s. f. faculté de s'étendre.

Ex-ter-mi-na-ti-on, s. f. anéantissement.

Fal-si-fi-ca-ti-on, s. f. altéraration.

Fa-mi-li-a-ri-té, s. f. intimité.

Fan-tas-ma-go-rie, s. f. magie.

Fé-li-ci-ta-ti-on, s. f. compliment.

For-ti-fi-ca-ti-on, s. f. défense d'une place.

Gé-né-ra-lis-si-me, s. m. général en chef.

Ges-ti-cu-la-ti-on, s. f. action de faire des gestes.

Gra-ti-fi-ca ti-on, s. f. don.

Hal-lu-ci-na-ti-on, s. f. illusion.

Ho-mo-lo-ga-ti-on, s. f. confirmation.

Hu-mi-li-a-ti-on, s. f. confusion, abaissement.

Il-lu-mi-na-ti-on, s. f. quantité de lumières.

I-ma-gi-na-ti-on, s. f. faculté d'inventer.

Im-pres-si-on-na-ble, a. facile à impressionner.

Im-pro-vi-sa-ti-on, s. f. art et action de composer de suite.

I-nau-gu-ra-ti-on, s. f. consécration, ouverture.

In-ci-né-ra-ti-on, s. f. réduction en cendres.

LEÇON V

In-com-men-su-ra-ble, a. sans mesure.

In-com-pré-hen-si-ble, a. inconcevable.

In-dé-fi-nis-sa-ble, a. qu'on ne peut définir.

In-dis-po-si-ti-on, s. f. légère maladie.

In-ef-fi-ca-ci-té, s. f. sans effet.

In-e-xac-ti-tu-de, s. f. manque, erreur.

In-fail-li-bi-li-té, s. f. certitude.

I-ni-ti-a-ti-ve, s. f. droit de commencer.

In-sen-si-bi-li-té, s. f. manque de sensibilité, indifférence.

In-stan-ta-né-i-té, s. f. existence d'un moment.

In-sur-rec-ti-on-nel, a. séditieux.

In-ter-pré-ta-ti-on, s. f. explication.

In-ves-ti-ga-ti-on, s. f. recherche minutieuse.

Ir-ré-gu-la-ri-té, s. f. défaut contre les règles.

Ir-re-mé-di-a-ble, a. sans remède.

Ir-ré-pré-hen-si-ble, a. irréprochable.

Ir-ré-so-lu-ti-on, s. f. indécision.

Jus-ti-fi ca-ti-on, s. f. preuve pour

Ma-ni-fes-ta-ti-on, s. f. démonstration.

Ma-ni-pu-la-ti-on, s. f. manière d'opérer.

Més-in-tel-li-gen-ce, s. f. dissension, brouillerie.

LEÇON VI

Mo-di-fi-ca-ti-on, s. f. changement.

Mor-ti-fi-ca-ti-on, s. f. vexation, désappointement.

Mys-ti-fi-ca-ti-on, s. f. abuser de la crédulité.

Na-ti-o-na-li-té, s. f. caractère national.

Na-tu-ra-li-sa-ti-on, s. f. admission aux droits des naturels.

Né-go-ci-a-ti-on, s. f. trafic, traité.

No-ti-fi-ca-ti-on, s. f. signification.

Par-ti-ci-pa-ti-on, s. f. action de prendre part, conseil.

Pé-ré-gri-na-ti-on, s. f. grand voyage.

Per-pen-di-cu-lai-re, a. qui tombe d'aplomb.

Plé-ni-po-ten-ti-ai-re, s. m. ambassadeur avec plein pouvoir.

Pré-ci-pi-ta-ti-on, s. f. trop grande vitesse.

Pré-des-ti-na-ti-on, s. f. fatalisme.

Pré-ju-di-ci-a-ble, a. nuisible.

Pres-ti-di-gi-ta-teur, s. m. escamoteur.

Pré-va-ri-ca-ti-on, s. f. malversation d'un officier public.

Qua-li-fi-ca-ti-on, s. f. attribution d'une qualité.

Ra-mi-fi-ca-ti-on, s. f. division en rameaux.

Ra-ti-fi-ca-ti-on, s. f. confirmation.

Ré-a-li-sa-ti-on, s. f. exécution.

LEÇON VII

Ré-ca-pi-tu-la-ti-on, s. f. résumé.

Ré-ci-pi-en-dai-re, s. m. candidat à recevoir.

Re-com-man-da-ti-on, s. f. estime, crédit.

Ré-con-ci-li-a-ti-on, s. f. raccommodement.

Rec-ti-fi-ca-ti-on, *s. f.* correction.

Ré-pré-sen-ta-ti-on, *s. f.* imitation, faste, remontrance.

Ré-pu-di-a-ti-on, *s. f.* rejet, renvoi.

Res-pon-sa-bi-li-té, *s. f.* garantie personnelle.

Ré-vo-lu-ti-on-ner, *v. a.* bouleverser.

Sé-na-tus-con-sul-te, *s. m.* décret du Sénat.

Si-gni-fi-ca-ti-on, *s. f.* sens, notification.

Si-mul-ta-né-i-té, *s. f.* coexistence.

Sol-li-ci-ta-ti-on, *s. f.* prière, démarches.

Su-pé-ri-o-ri-té, *s. f.* autorité, prééminence.

Ter-gi-ver-sa-ti-on, *s. f.* hésitation.

Tri-an-gu-la-ti-on, *s. f.* art de lever le plan d'un terrain.

U-ni-ver-sa-li-té, *s. f.* généralité.

Va-lé-tu-di-nai-re, *a.* maladif.

Vé-ri-fi-ca-ti-on, *s. f.* examen.

Ver-si-fi-ca-ti-on, *s. f.* art de faire des vers.

Vo-ci-fé-ra-ti-on, *s. f.* clameur.

DIVISION VII

Mots d'une ou de plusieurs syllabes ayant la même prononciation, mais différant d'orthographe et de signification.

LEÇON I

Aboi, *s. m.* aboiement.

Abois, *s. m. pl.* (être aux) à l'extrémité.

Acquêt, *s. m.* chose acquise.

* Haquet, *s. m.* espèce de charrette.

Acquis, *s. m.* savoir.

Acquit, *s. m.* quittance.

Aie, *impér.* d'avoir.

Ais, *s. m.* planche.

Est, 3e *pers. de l'ind.* d'être.

* Haie, *s. f.* clôture.

* Hait, 3e *pers. de l'ind.* de haïr.

* Hé ! *int.* de surprise.

Adhérant, *part. prés.* d'adhérer.

Adhérent, *s. m.* partisan.

Affluant, *part. prés.* d'affluer.

Affluent, *s. m.* rivière qui se jette dans une autre.

Aile, *s. f.* membre d'un oiseau.

Elle, *pron. pers. fém.*

Aine, *s. f.* une jointure du corps.

Aisne, *s. f.* rivière de France.

* Haine, *s. f.* aversion.

LEÇON II

Air, *s. m.* gaz atmosphèrique.

Air, *s. m.* chant, façon.

Aire, *s. f.* place de grange.

Ère, *s. f.* époque fixe.

* Hère, *s. m.* sans mérite.

Alène, *s. f.* outil de cordonnier.

* Haleine, *s. f.* respiration.

Allaiter, *v. a.* nourrir de lait.
* Haleter, *v. n.* respirer avec peine.

Allé, *part. passé* d'aller.
Allée, *s. f.* chemin.
* Halé, *p. p.* de haler, tirer.
Hâlé, *p. p.* de hâler, brûlé.

Allié, *s. m.* parent, ami.
Allier, *s. f.* rivière de France.
* Hallier, *s. m.* buisson.

Amande, *s. f.* fruit.
Amende, *s. f.* peine pécuniaire.

An, *s. m.* espace de douze mois.
En, *pron.* de cela.

Ancre, *s. f.* instrument de marine.
Encre, *s. f.* liqueur pour écrire.

Appas, *s. m. pl.* attraits.
Appât, *s. m.* amorce.

LEÇON III

Après, *prép.* à la suite de.
Apprêt, *s. m.* disposition.

Are, *s. m.* mesure agraire.
Arrhes, *s. m. pl.* gages.

Athée, *s. m.* qui nie l'existence de Dieu.
* Hâté, *part. passé* de hâter.

Au, *art. composé,* à le.
Aux, *art. pl.* à les.
Aulx, *pl.* d'ail, espèce d'oignon
Eau, *s. f.* liquide.
Haut, *a.* élevé.
Os, *s. m. pl.* partie dure du corps.

Auspices, *s. m. pl.* protection, présage.
* Hospice, *s. m.* hôpital.

Auteur, *s. m.* créateur.
* Hauteur, *s. f.* élévation, orgueil.

Avant, *adv.* précédemment.
Avent, *s. m.* temps qui précède Noël.

Bai, *a.* rouge brun.
Baie, *s. f.* petit golfe.
Bey, *s. m.* gouverneur turc.

Balai, *s. m.* instrument pour nettoyer.
Ballet, *s. m.* danse.

LEÇON IV

Ban, *s. m.* publication.
Banc, *s. m.* siége.

Bas, *s. m.* chaussure.
Bât, *s. m.* selle.

Basilic, *s. m.* plante.
Basilique, *s. f.* grande église.

Batiste, *s. f.* toile fine.
Baptiste, *s. m.* nom d'homme.

Baux, *s. m. pl.* de bail, loyer.
Beau, *a,* superbe.

Béni, *part. passé* de bénir, protégé de Dieu.

Bénit, *part. passé* de bénir, se dit de l'eau et du pain consacré.

Biais, *a.* de travers.
Biez, *s. m.* canal d'un moulin.

Bile, *s. f.* humeur.
Bill, *s. m.* projet de loi.

Bon, *a.* qui a de la bonté.
Bond, *s. m.* saut.

Boue, *s. f.* fange.
Bous, *imp.* de bouillir.
Bout, *s. m.* extrémité.

LEÇON V

Brie, s. m. sorte de fromage.
Bris, s. m. fracture.
Brut, a. non travaillé.
Brute, s. f. bête.
Caen, s. f. ville de France.
Camp, s. m. campement.
Quand, conj. lorsque.
Quant, adv. pour ce qui est de.
Cahot, s. m. secousse.
Chaos, s. m. (pron. caos) confusion.
Canaux, s. m. pl. de canal.
Canot, s. m. petit bateau.

Car, conj.
Quart, s. m. la quatrième partie.
Carier, v. p. se gâter.
Carrier, s. m. ouvrier d'une carrière.
Ce, pron. dém.
Se, pron. pers.
Céans, adv. en ce lieu-ci.
Séant, a. convenable.
Céler, v. a. cacher.
Sceller, v. a. cacheter.
Seller, v. a. mettre la selle.

LEÇON VI

Céleri, s. m. plante comestible.
Sellerie, s. f. lieu pour les harnais.
Cellier, s. m. caveau.
Sellier, s. m. fabricant de harnais.
Cène, s. f. dernier repas de N.-S. Jésus-Christ avec ses apôtres.
Saine, a. f. de sain.
Seine, s. f. rivière de France.
Scène, s. f. partie d'un théâtre, d'une pièce.

Gens, s. m. impôt.
Sens, s. m. signification.
Censé, a. cru, présumé.

Sensé, a. qui a du jugement.
Cerf, s. m. quadrupède.
Serf, s. m. esclave.
Cession, s. f. abandon, transport.
Session, s. f. l'ensemble des séances du Corps législatif.
Cet, pron. dém.
Cette, s. f. ville de France.
Sept, a. num. six plus un.
Chaumer, v. a. arracher le chaume.
Chômer, v. n. se reposer, fêter
Chas, s. m. trou d'aiguille.
Chat, s. m. animal.
Shah, s. m. le roi de Perse.

LEÇON VII

Chaîne, s. f. anneaux réunis.
Chêne, s. m. arbre.
Chair, s. f. viande.
Chaire, s. f. tribune.
Cher, a. aimé, précieux.
Chère, s. f. régal.
Chaud, a. brûlant.

Chaux, s. f. pierre calcinée.
Chœur, s. f. partie d'une église.
Cœur, s. m. centre de la vie.
Ci, adv. de lieu.
Si, conj. de doute.
Scie, s. f. instrument pour scier.

Sis, *a*. situé.

Six, *a. num*. cinq plus un.

Cire, *s. f.*

Cyr (saint), école militaire.

Sire, *s. m*. chef de l'état.

Cite, *imp*. de citer.

Site, *s. m*. situation.

Scythes, *s. m. pl*. ancien peuple de l'Asie.

Clair, *a*. limpide.

Claire, *s. f*. nom de baptême.

Clerc, *s. m*. étudiant en pratique.

Coin, *s. m*. instrument pour fendre.

Coin, *s. m*. encoignure.

Coing, *s. m*. fruit du cognassier.

LEÇON VIII

Coq, *s. m*. oiseau.

Coke, *s. m*. charbon de houille.

Coque, *s. f*. enveloppe.

Comte, *s. m*. titre.

Compte, *s. m*. calculs.

Conte, *s. m*. fable.

Comptant, *s. m*. argent sonnant

Contant, *part. prés*. de conter.

Content, *a*. satisfait.

Cor, *s. m*. instr. de musique.

Corps, *s. m*. ensemble d'une chose.

Cors, *s. m. pl*. cornes du cerf.

Cou, *s. m*. partie du corps.

Coup, *s. m*. meurtrissure.

Couds, *impér*. de coudre.

Coût, *s. m*. frais.

Cour, *s. f*. espace clos de murs

Cours, *s. m*. flux, course.

Court, *a*. concis.

Cri, *s. m*. clameur.

Cric, *s. m*. machine pour lever des fardeaux.

Christ (Jésus-), quand Christ est seul on prononce Christe

Crois, *impér*. de croire.

Croît, *s. m*. augmentation.

Croix. *s. f*. décoration.

LEÇON IX

Cuir, *s. m*. peau.

Cuire, *v. a*. préparer par le feu.

Cygne, *s. m*. oiseau.

Signe, *s. m*. marque.

Danse, *s. f*. pas faits en cadence

Dense, *a*. épais.

Date, *s. f*. époque.

Datte, *s. f*. fruit du dattier.

Décéler, *v. a*. révéler.

Desceller, *v. a*. détacher.

Déseller, *v. a*. ôter la selle.

Déçu, *a*. détrompé.

Dessus, *s. m*. la surface.

Déférer, *v. a*. avoir de la déférence.

Déferrer, *v. a*. ôter les fers.

Dégoûter, *v. a*. rebuter.

Dégoutter, *v. n*. tomber goutte à goutte.

Délacer, *v. a*. défaire un lacet.

Délasser, *v. pr*. se reposer.

Dessein, *s. m*. intention.

Dessin, *s. m*. esquisse, plan.

Différend, *s. m*. démêlé.

Différent, *a*. dissemblable.

Douaire, *s. m*. bien assuré à une veuve.

Douer, *v. a*. doter.

LEÇON X

Echo, *s. m.* son répété.
Écot, *s. m.* quote part.

Enter, *v. a.* greffer.
* Hanter, *v. a.* fréquenter.

Envi (à l'), *adv.* avec émulation
Envie, *s. f.* désir.

Étain, *s. m.* métal.
Éteint. *part. passé* d'éteindre.

Étang, *s. m.* eau stagnante.
Étant, *part. prés.* d'être.
Étends, *impér.* d'étendre.

Être, *v. aux, infinitif.*
* Hêtre, *s. m.* arbre.

Étrier, *s. m.* sorte d'anneau.
Étriller, *v. a.* frotter avec l'é-
trille.

Eu, ville de France,
Eux, *pron. pers. m. pl.; f.* elles.
Œufs, *s. m. pl.* d'œuf.

Exaucer, *v. a.* accorder.
Exhausser, *v. a.* élever plus
haut.

LEÇON XI

Fabricant, *s. m.* qui fait fabriquer
Fabriquant, *part. prés.* de fabriquer.

Faim, *s. f.* besoin de manger.
Fin, *s. f.* terme.

Faire, *v. a.* exécuter.
Fer, *s. m.* métal.
Fère (la), ville de France.

Fait, *s. m.* action.
Faix, *s. m.* fardeau.

Faîte, *s. m.* sommet.

Fête, *s. f.* réjouissance.

Fard, *s. m.* couleur artificielle.
Phare, *s. m.* fanal.

Faucille, *s. f.* petite faux.
Fossile, *a.* pétrifié.

Fausse, *a. f.* de faux.
Fosse, *s. f.* trou en terre.

Faussé, *part. passé* de fausser.
Fossé, *s. m.* fosse en long.

Férie, *s. f.* jour de repos.
Féerie, *s. f.* enchantement.

LEÇON XII

Fil, *s. m.* pour coudre.
File, *s. f.* rang.

Filtre, *s. m.* pierre à filtrer.
Philtre, *s. m.* breuvage.

Flan, *s. m.* pâtisserie.
Flanc, *s. m.* côté.

Foi, *s. f.* croyance.
Foie, *s. m.* viscère.
Fois, *s. f.* marque le nombre.
Foix, ville de France.

Fonds, *s. m.* creux.
Fonds, *s. m.* ce qu'on possède.

Fonts, *s. m. pl.* vase pour baptiser.

Gai, *a.* joyeux.
Gué, *s. m.* passage d'une rivière
Guet, *s. m.* action de guetter.

Gaieté, *s. f.* joie.
Guetté, *part. passé* de guetter,
épié.

Gard, rivière de France.
Gare, *s. m.* abri.

Gaz, *s. m.* fluide.
Gaze, *s. f.* étoffe légère.

LEÇON XIII

Geai, *s. m.* oiseau.
Jais, *s. m.* verre noir.
Jet, *s. m.* jaillissement.

Gens, *s. pl.* personnes.
Gent, *s. f.* race.
Jan, *s. m.* terme de trictrac.
Jean, nom d'homme.

Grâce, *s. f.* faveur.
Grasse, *a. f.* de gras.

Graisse, *s. f.* substance grasse.
Grèce, *s. f.* contrée d'Europe.

Guère, *adv.* peu.
Guerre, *s. f.* combat.

* Hautesse, *s. f.* titre.
Hôtesse, *s. f.* maitresse d'hôtel

Hélène (Sainte-), île.
Hellène, *s. m.* grec.

Héros, *s. m.* le principal personnage.
Héraut, *s. m.* officier qui proclame.

Hier, *adv.* de temps.
Hyères, ville de France.

LEÇON XIV

* Houe, *s. f.* sorte de bêche.
* Houx, *s. m.* arbre.
Août, (*pron.* oût), *s. m.* 8e mois.
Où, *adv.*

* Hors, *prép.* excepté.
Or, *s. m.* métal.

* Hutte, *s. f.* cabane.
Ut, *s. m.* note de musique.

Jars, *s. m.* mâle de l'oie.
Jarre, *s. f.* vase.

Joue, *s. f.* partie de la figure.
Joug, *s. m.* esclavage.

La, *s. m.* note de musique.
Las, *a.* fatigué

Lac, *s. m.* eau stagnante.
Lacs, *s. m. pl.* piéges.
Laque, *s. f.* résine.

Lai, *s. m.* complainte.
Laid, *a.* vilain.
Laie, *s. f.* femelle du sanglier.
Lais, *s. m.* baliveau.
Lait, *s. m.* laitage.
Lé, *s. m.* largeur d'étoffe.
Legs, *s. m.* don par testament.
Les, *art. pluriel.*

LEÇON XV

Laon, (*pron.* Lan), ville de France.
Lent, *a.* sans vitesse.

Lard, *s. m.* graisse de porc.
Lares, *s. m. pl.* dieux domestiques des Païens.

Leste, *a.* agile.
Lest, *s. m.* poids.

Leur, *pron. pers.* à eux, à elles.
Leurre, *s. m.* tromperie.

Lice, *s. f.* femelle du chien.
Lice, *s. f.* lieu pour les cources
Lis, *s. m.* plante.
Lisse, *a.* uni.

Lie, *s. f.* résidu.
Lit, *s. m.* couchette.

Lieu, *s. m.* endroit.
Lieue, *s. f.* mesure.
Lieux, *s. m. pl.* inodores.
Lion, *s. m.* quadrupède.
Lyon, ville de France.

LEÇON XVI

Lire, *v. a.* faire la lecture.
Lyre, *s. f.* instr. de musique.
Lissé, *a.* uni, poli.
Lycée, *s. m.* collége.

Lô (Saint-), ville de France.
Lot, *s. m.* partage.
Loch, *s. m.* instr. de marine.
Lok ou Looch, *s. m.* potion.
Loque, *s. f.* haillon.

Laure, *s. f.* nom de femme.
Lord, *s. m.* pair d'Angleterre.

Lors, *adv.* dès.

Lut, *s. m.* mastic.
Luth, *s. m.* instr. de musique.
Lutte, *s. f.* combat.

Mai, *s. m.* 5e mois de l'année.
Maie, *s. f.* pétrin.
Mais, *conj.*
Mes, *adj. poss.* les miens.
Mets, *s. m.* aliment.

Main, *s. f.* partie du bras.
Maint, *a.* plusieurs.

LEÇON XVII

Maître, *s. m.* qui commande.
Mètre, *s. m.* mesure.
Mettre, *v. a.* placer.

Maline, *s. f.* dentelle.
Maligne, *a. f.* de malin.

Mante, *s. f.* manteau.
Menthe, *s. f.* plante.

Marc, *s. m.* résidu de café.
Mare, *s. f.* eau stagnante.
Marre, *s. f.* outil.

Marchand, *s. m.* négociant.
Marchant, *part. pr.* de marcher.

Mari, *s. m.* époux.
Marie, nom de femme.
Marri, *a.* repentant.

Maux, *s. pl.* de mal.
Mot, *s. m.* parole.
Meaux, ville de France.

Mer, *s. f.* océan.
Mère, *s. f.* maman.
Maire, *s. m.* magistrat.

Mil, *s. m.* millet, graine.
Mil, *a. num.* pour les dates.
Mille, *a. num.* dix fois cent.

LEÇON XVIII

Molet, *s. m.* gras de la jambe.
Mollet, *a.* qui est mou.

Maure ou More, peuple d'A-
frique.
Mords, *impér.* de mordre.
Mors, *s. m.* frein.
Mort, *s. f.* cessation de la vie.

Mou, *a.* qui n'est pas dur.
Moue, *s. f.* grimace.
Mouds, *impér.* de moudre.
Moût, *s. m.* vin doux.

Mur, *s. m.* muraille.

Mûr, *a.* arrivé à maturité.
Mure, *s. f.* fruit du murier.

Né, *part. passé* de naître.
Nez, *s. m.* partie du visage.

Nef, *s. f.* le chœur d'une église
Nèfle, *s. f.* fruit.

Négligent, *a.* insouciant.
Négligeant, *part. prés.* de négliger.

Ni, *conj.* négation.
Nid, *s. m.* logement d'oiseau.

LEÇON XIX

Nom, *s. m.* substantif.
Non, *adv.* négation.

Nu, *a.* qui n'est pas couvert.
Nue, *s. f.* nuage.

Occident, *s. m.* septentrion.
Oxydant, *part. prés.* d'oxyder.

Oui, *adv.* affirmation.
Ouïe, *s. f.* sens par lequel on perçoit les sons.

Pain, *s. m.* aliment.
Peint, *a.* colorié.
Pin, *s. m.* arbre résineux.

Pair, *s. m.* titre.
Paire, *s. f.* couple.
Pére, *s. m.* papa.

Paye, *s. f.* solde.
Paix, *s. f.* tranquillité.

Palais, *s. m.* grand édifice.
Palet, *s. m.* pierre plate.

Pan, *s. m.* partie d'un mur.
Paon, *s. m. (pron.* pan), oiseau

Panser, *v. a.* soigner.
Penser, *v. n.* réfléchir.
Pensée, *s. f.* fleur, réflexion.

LEÇON XX

Parc, *s. m.* lieu entouré.
Parque, *s. f.* déesse de la fable

Pause, *s. f.* suspension.
Pose, *s. f.* position.

Pau, *s. f.* ville de France.
Peau, *s. f.* cuir.
Pô, *s. m.* fleuve d'Italie.
Pot, *s. m.* vase.

Pic, *s. m.* pioche pointue.
Pique, *s. f.* sorte de lance.

Pie, *s. f.* oiseau
Pis, *s. m.* tétine de vache.

Plaid, *s. m.* écharpe écossaise.
Plaie, *s. f.* blessure.

Plain, *a.* uni.
Plein, *a.* rempli.
Plin, *s. m.* chanvre épuré.

Plainte, *s. f.* gémissement. |
Plinthe, *s. f.* morceau de bois.

Plan, *s. m.* dessin.
Plant, *s. m.* ce qu'on replante.

Poids, *s. m.* fardeau.
Pois, *s. m.* légume.
Poix, *s. f.* résine.

LEÇON XXI

Poing, *s. m.* main fermée.
Point, *adv.* de négation.

Porc, *s. m.* pourceau.
Pore, *s. m.* trou imperceptible.
Port, *s. m.* abri, maintien.

Près, *prép.* sur le point de.
Prêt, *a.* disposé à.

Pris, *part. passé* de prendre.
Prix, *s. m.* récompense, valeur

Puis, *adv.* ensuite.

Puits, *s. m.* trou profond.
Puy, *s. f.* ville de France.

Raie, *s. f.* trait, poisson.
Rais, *s. m.* rayon de roue.
Rets, *s. m.* filet.

Rez, *prép.* tout contre.

Ras, *a.* uni.
Rat, *s. m.* animal.

Rein, *s. m.* le bas du dos.
Rhin, *s. m.* fleuve.

LEÇON XXII

Reine, *s. f.* femme d'un roi.
Rêne, *s. f.* guide.

Renne, *s. m.* cerf du nord.
Rennes, ville de France.

Repaire, *s. m.* retraite.
Repère, *s. m.* indice.

Répandre, *v. a.* verser.
Rependre, *v. a.* pendre de nou-
    veau.

Ris, *s. m.* rire, t. de marine.
Riz, *s. m.* plante.

Roc, *s. m.* rocher.
Roch, *s. m.* nom propre.

Rome, ville d'Italie.
Rhum, *s. m.* liqueur.

Roue, *s. f.* machine ronde et
    tournante.
Roux, *a.* couleur.

Sain, *a.* salubre.
Saint, *a.* pur, consacré à Dieu.
Sein, *s. m.* poitrine.
Seing, *s. m.* signature.
Ceint, *a.* entouré.

LEÇON XIII

Sang, *s. m.* liquide rouge.
Sans, *prép.* manquant de.
Cent, *a. num.* dix fois dix.

Saur, *a.* hareng séché.
Saure, *a.* jaune brun.
Sort, *s. m.* destin.

Saut, *s. m.* bond.
Sceau, *s. m.* grand cachet.
Seau, *s. m.* vase.
Sot, *a.* sans esprit.

Scel, *s. m.* empreinte.
Sel, *s. m.* assaisonnement.

Selle, *s. f.* siége.
Celle, *pron. f.* de celui.

Serein, *s. m.* le soir.
Serein, *a.* clair, calme.
Serin, *s. m.* oiseau.

Serment, *s. m.* affirmation ju-
    rée.
Serrement, *s. m.* action de
    serrer.

Sou, *s. m.* monnaie.
Soûl, *a.* rassasié.
Sous, *prép.* dessous.

LEÇON XXIV

Statue, *s. f.* fig. de marbre, etc.
Statut, *s. m.* règlement.
Statu (quo), *s. m.* immobilité.

Sur, *a.* acide.
Sûr, *a.* certain.

Tain, *s. m.* étain de glaces.
Teint, *s. m.* colori.
Thym, *s. m.* plante.

Taire, *v. a.* ne pas parler de.
Terre, *s. f.* le monde.

Tan, *s. m.* écorce de chêne.
Tant, *adv.* de quantité.
Temps, *s. m.* durée.
Tends, *imp.* de tendre.

Terme, *s. m.* but, fin.
Thermes, *s. m. pl.* bains.

Ton, *s. m.* manière.
Thon, *s. m.* poisson de mer.
Taon, (*pron.* ton), *s. m.* mouche
Tonds, *imp.* de tondre.

LEÇON XXV

Taure, *s. f.* génisse.
Tore, *s. m.* moulure d'archi-
ture.
Tors, *a.* tordu.
Tort, *s. m.* dommage.
Toue, *s. f.* sorte de bateau.
Tout, *a.* chaque.
Toux, *s. f.* effet du rhume.

Trait, *s. m.* flèche, raie.
Très, *adv.* beaucoup.

Tribu, *s. f.* peuplade.
Tribut, *s. m.* contribution.

Trop, *adv.* marque l'excès.
Trot, *s. m.* allure du cheval.
Un, *a. num.* seul.
* Huns, *s. m. pl.* ancien peu-
ple.
Une, *a. fém.* d'un.
* Hune, *s. f.* sorte de guérite
en haut d'un mât.
Vain, *a.* inutile.
Vaincs, *imp.* de vaincre.
Vin, *s. m.* liqueur.
Vingt, *a. num.* deux fois dix.

LEÇON XXVI

Van, *s. m.* instrument aratoire
Vent, *s. m.* air agité.

Vaud, *s. m.* canton Suisse.
Vaux, *s. m. pl.* de val, vallée.
Veau, *s. m.* petit d'une vache.
Vos, *adj. poss.*

Ver, *s. m.* insecte.
Verd, *s. m.* l'herbe.
Verre, *s. m.* vase pour boire.
Vers, *s. m.* mots mesurés.
Vert, *a.* couleur.

Verseau, *s. m.* premier signe
du zodiaque.

Verso, *s. m.* second côté d'un
feuillet.

Vice, *s. m.* défaut.
Vis, *s. f.* pièce en spirale.
Vil, *a.* bas.
Ville, *s. f.* cité.

Voie, *s. f.* mesure, chemin.
Voix, *s. f.* sons, suffrage.
Vu, *s. m.* visa.
Vue, *s. f.* action de voir.

Zéphir, *s. m.* vent léger.
Zéphire, *s. m.* le zéphir per-
sonnifié.

DIVISION VIII

Mots qui s'écrivent de même et se prononcent différemment.

LEÇON I

Acceptions, *s. f. pl.* sens reçu
d'un mot. (*pr.* cions.)
Acceptions (nous), d'accepter.
(*pr.* t.)

Affections, *s. f. pl.* attachement. (*pr.* cions.)
Affections (nous), d'affecter.
(*pr.* t.)

Affluent, *a.* (*pr.* affluant.)
Affluent (ils), d'affluer (*pr.* flüe)

Attentions, *s. f. pl.* égard. (*pr.* cions.)
Attentions (nous), d'attenter. (*pr.* t.)

Content, *a.* satisfait. (*pr.* tant.)
Content (ils), de conter. (*pr.* te.)

Convient (ils), de convier. (*pr.* vie.)
Convient (il), de convenir. (*pr.* vient.)

Couvent, *s. m.* monastère. (*pr.* vant.)
Couvent (elles), de couver. (*pr.* ve.)

Différent, *a.* divers. (*pr.* ran.)
Diffèrent (ils), de différer. (*pr.* fère.)

Équivalent, *a.* égal. (*pr.* lan.)
Équivalent (ils), d'équivaloir. (*pr.* le.)

Évident, *a.* clair. (*pr.* dant.)
Evident (ils), d'évider. (*pr.* dé)

LEÇON II

Excédent, *a.* surpassant. (*pr.* dant.)
Excèdent (ils), d'excéder. (*pr.* de.)

Excellent, *a.* parfait. (*pr.* lant.)
Excellent (ils), d'exceller. (*pr.* le.)

Expédient, *s. m.* moyen. (*pr.* diant.)
Expédient (ils), d'expédier. (*pr.* die.)

Ferment, *s. m.* levain. (*pr.* mant.)
Ferment (ils), de fermer. (*pr.* me.)

Fils, *s. m. pl.* de fil. (*pr.* file.)
Fils, *s. m.* enfant. (*pr.* fis.)

Intentions ; *s. f. pl.* dessin. (*pr.* cions.)
Intentions (nous), d'intenter. (*pr.* t.)

Lot, *s. m.* partage. (*pr.* lo.)
Lot, *s. m.* rivière. (*pr.* lotte.)

Négligent, *a.* paresseux. (*pr.* geant.)
Négligent (ils), de négliger. (*pr.* ge.)

Objections, *s. f. pl.* (*pr.* cions.)
Objections (nous), d'objecter. (*pr.* ti.)

LEÇON III

Parent, *a.* allié. (*pr.* rant.)
Parent (ils), de parer. (*pr.* re.)

Portions, *s. f. pl.* partie. (*pr.* cions.)
Portions (nous), de porter. (*pr.* ti.)

Précédent, *a.* antérieur. (*pr.* dant.)
Précèdent (ils), de précéder. (*pr.* dé.)

Président, *s. m.* (*pr.* dant.)

Président (ils), de présider. (*pr.* de.)

Résident, *s. m.* (*pr.* dant.)
Résident (ils), de résider. (*pr.* de.)

Violent, *a.* emporté. (*pr.* lan.)
Violent (ils), de violer. (*pr.* le.)

Vis (je), de vivre. (*pr.* vi.)
Vis, *s. f.* pièce en spirale. (*pr.* visse.)

DIVISION IX
VERBES IRRÉGULIERS.

Les Verbes irréguliers peuvent se ranger en neuf grandes classes, suivant la terminaison de leur infinitif, leur participe présent et leur participe passé.

La 1re,	verbes en	aire.	aisant.	ait.	faire.	faisant.	fait.
La 2e,	—	crire.	crivant.	crit.	écrire.	écrivant.	écrit.
La 3e,	—	ire.	isant.	it.	dire.	disant.	dit.
La 4e,	—	enir.	enant.	enu.	tenir.	tenant.	tenu.
La 5e,	—	ettre.	ettant.	is.	mettre.	mettant.	mis.
La 6e,	—	ourir.	ourant.	ouru.	courir.	courant.	couru.
La 7e,	—	endre.	enant.	is.	prendre.	prenant.	pris.
La 8e,	—	ir.	ant.	ert.	couvrir	couvrant.	couvert

La 9e, comprend tous les verbes qui ne peuvent se ranger dans les classes précédentes.

PREMIÈRE CONJUGAISON
En aire; aisant; ait.

FAIRE. — Ind. prés. Je fais; tu fais, il fait, nous faisons, vous faites; ils font; Imp. je faisais, tu faisais, il faisait, nous faisions, vous faisiez, ils faisaient; Prét. je fis, tu fis, il fit, nous fîmes, vous fîtes, ils firent; Fut. je ferai, tu feras, il fera, nous ferons, vous ferez, ils feront; Impér. Fais, qu'il fasse, faisons, faites; qu'ils fassent; Subj. pr. que je fasse, tu fasses, il fasse, nous fassions, vous fassiez; ils fassent; Condit. je ferais, tu ferais, il ferait, nous ferions, vous feriez, ils feraient; Prét. que je fisse, tu fisses, il fît, nous fissions, vous fissiez, ils fissent; Inf. prés. faire; Part. prés. faisant; Part. passé fait.

Tous les dérivés se conjuguent de même : Contrefaire, Défaire, Forfaire, Parfaire, Satisfaire, Redéfaire, Refaire, Surfaire.

DEUXIÈME CONJUGAISON
En crire, crivant, crit.

ÉCRIRE. — Ind. prés. J'écris, tu écris, il écrit, nous écrivons, vous écrivez, ils écrivent; Imp. J'écrivais; Prét. j'écrivis; Futur. j'écrirai; Impér. écris, qu'il écrive, écrivons, écrivez, qu'ils écrivent; Subj. pr. que j'écrive; Cond. j'écrirais; Prét. que j'écrivisse; Inf. écrire, Part. prés. écrivant; Part. passé écrit.

Conjuguez de même les dérivés : Circonscrire; décrire; inscrire; prescrire, proscrire; récrire, souscrire, transcrire.

TROISIÈME CONJUGAISON
En ire; isant; it.

DIRE. — Ind. pr. Je dis, tu dis, il dit, nous disons; vous dites; ils disent; Imp. je disais; Prét. je dis, tu dis, il dit, nous dîmes, vous dîtes, ils dirent; Fut. je dirai; Impér. dis, qu'il dise, disons, dites, qu'ils disent; Subj. pr. que je dise; Condit. je dirais; Prét. que je dise; Inf. dire; Part. prés. disant; Part. passé dit.

Conjuguez de même, confire, contredire, se dédire, interdire, médire, produire; redire.

Tous ces verbes, à l'exception de redire, font *disez* au lieu de *dites* à la 2ᵉ personne du pluriel de l'indicatif et de l'impératif.

QUATRIÈME CONJUGAISON

En enir, enant, enu.

TENIR. — *Ind. pr.* je tiens, tu tiens, il tient, nous tenons, vous tenez, ils tiennent; *Imp.* je tenais; *Prét.* je tins, tu tins, il tint, nous tînmes, vous tîntes, ils tinrent; *Fut.* je tiendrai; *Impér.* tiens, qu'il tienne, tenons, tenez, qu'ils tiennent; *Subj. pr.* que je tienne, tu tiennes, il tienne, nous tenions, vous teniez, ils tiennent; *Condit.* je tiendrais; *Prét.* que je tinsse, tu tinsses, il tînt, nous tinssions, vous tinssiez, ils tinssen‡; *Inf. pr.* tenir; *Part. prés.* tenant; *Part. passé* tenu.

Conjuguez de même, s'abstenir, appartenir, avenir, contenir, convenir, détenir, devenir, disconvenir, entretenir, intervenir, maintenir, obtenir, parvenir, prévenir, provenir, se ressouvenir, retenir, revenir, soutenir, souvenir, subvenir, survenir, venir.

CINQUIÈME CONJUGAISON

En ottre. ettant, is.

METTRE. — *Ind. pr.* je mets, tu mets, il met, nous mettons, vous mettez, ils mettent; *Imp.* je mettais; *Prét.* je mis, tu mis, il mit, nous mîmes, vous mîtes, ils mirent; *Fut.* je mettrai; *Impér.* mets, qu'il mette, mettons, mettez, qu'ils mettent; *Subj. pr.* que je mette; *Condit.* je mettrais; *Prét.* que je misse, tu misses, il mît, nous missions, vous missiez, ils missent; *Inf. pr.* mettre, *Part. prés.* mettant; *Part. passé* mis.

Conjuguez de même tous les dérivés,

SIXIÈME CONJUGAISON

En ourir, ourant, ouru.

COURIR. — *Ind. pr.* je cours, tu cours, il court, nous courons, vous courez, ils courent; *Imp.* je courais; *Prét.* je courus, tu courus, il courut, nous courûmes, vous courûtes, ils coururent; *Fut.* je courrai; *Impér.* cours, qu'il coure, courons, courez, qu'ils courent; *Subj. pr.* que je coure; *Prét.* que je courusse; *Inf. pr.* courir; *Part. pr.* courant; *Part. passé* couru.

Conjuguez de même tous les dérivés.

SEPTIÈME CONJUGAISON

En endre, enant, is.

PRENDRE. — *Ind. pr.* je prends, tu prends, il prend, nous prenons, vous prenez, ils prennent; *Imp.* je prenais; *Prét.* je pris; *Fut.* je prendrai; *Impér.* prends, qu'il prenne, prenons, prenez, qu'ils prennent; *Subj. pr.* que je prenne, *Condit.* je prendrais; *Prét.* que je prisse; *Inf. pr.* prendre; *Part. pr.* prenant; *Part. passé* pris.

Conjuguez de même tous les dérivés.

HUITIÈME CONJUGAISON

En ir, ant, ert.

COUVRIR. — *Ind. pr.* je couvre, tu couvres, il couvre, nous couvrons, vous couvrez, ils couvrent; *Imp.* je couvrais; *Prét.* je couvris; *Fut.* je couvrirai; *Impér.* couvre, etc *Subj. pr.* que je couvre; *Condit.* je couvrirais; *Prét.* que je couvrisse; *Inf. pr.* couvrir; *Part. pr.* couvrant; *Part. passé* couvert.

Conjuguez de même, découvrir, entr'ouvrir, mésoffrir, offrir, ouvrir, recouvrir, rouvrir, souffrir.

NEUVIÈME CLASSE

Comprenant les verbes qui ne peuvent se ranger dans aucune des conjugaisons précédentes.

ABSOUDRE, — Absolvant; absous; j'absous, sous, sout, solvons, solvez, solvent; j'absolvais; j'absoudrai, que j'absolve.

ACQUÉRIR. — Acquérant; acquis; j'acquiers, quiers, quiert, quérons, quérez, quièrent; j'acquérais; j'acquis; j'acquerrai; que j'acquière; j'acquerrais; que j'acquisse.

ALLER. — Allant; allé; je vais, vas, va, allons, allez, vont; j'allais; j'allai; j'irai; que j'aille; j'irais; que j'allasse.

APPAROIR. — Il appert.

ASSAILLIR. —Assaillant; assailli; j'assaille; j'assaillais; j'assaillis; j'assaillirai; que j'assaille; j'assaillirais; que j'assaillisse.

S'ASSEOIR, s'asseyant; assis; je m'assieds, assieds, assied, asseyons, asseyez, asseyent; je m'asseyais; je m'assis; je m'assiérai; que je m'asseye; je m'assiérais; que je m'assisse.

BOIRE, buvant; bu; je bois, bois, boit, buvons, buvez, boivent; je buvais; je bus; je boirai; que je boive; je boirais, que je busse.

BOUILLIR, bouillant; bouilli; je bous, bous, bout, bouillons, bouillez, bouillent; je bouillais; je bouillis; je bouillirai; que je bouille; je bouillirais, que je bouillisse.

BRAIRE, il brait, ils braient; il braira, ils brairont; ils brairait, ils brairaient.

BRUIRE, il bruyait, ils bruyaient.

CHOIR, chu.

CIRCONCIRE, circoncis; je circoncis; nous circoncisons; je circoncirai; que je circoncisse.

CLORE, closant; clos; je clos, clos, clôt; je clorai; je clorais.

CONCLURE, concluant; conclu; je conclus; je concluais; je conclus, je conclurai; que je concluse; je conclurais; que je conclusse.

COUDRE, cousant; cousu; je couds, couds, coud, cousons, cousez, cousent; je cousais; je cousis; je coudrai; que je couse; je coudrais; que je cousisse.

CROIRE, croyant; cru; je crois, crois, croit, croyons, croyez, croient; je croyais; je crus; je croirai; que je croie, es, e, yions, yiez, croient; je croirais; que je crusse.

CUEILLIR, cueillant; cueilli; je cueille; je cueillais; je cueillis; je cueillerai; que je cueille; je cueillerais; que je cueillisse.

DÉCHOIR, déchu; je déchois, déchois, déchoit, déchoyons, déchoyez, déchoient; je déchus; je décherrai; que je déchoie; je décherrais; que je déchusse.

ÉCLORE, éclos; usité à l'infinitif et à la 3e personne, il éclôt, éclosent; il éclôra, éclôront; qu'il éclose, éclosent; il éclôrait, éclôraient.

S'ENSUIVRE, ensuivant; ensuivi; n'est usité qu'à la 3e personne.

ENVOYER, envoyant; envoyé; j'envoie, voies, voie, voyons, voyez, voient; j'envoyais; j'envoyai; j'enverrai; que j'envoie; j'enverrais; que j'envoyasse.

EXCLURE, excluant; exclu, exclue, autrefois excluse; j'exclus, us, ut, uons, uez; j'excluais; j'exclus; j'exclurai; que j'exclue; j'exclurais; que j'exclusse.

FAILLIR, faillant; failli; je faux, tu faux, il faut, faillons, faillez, faillent; je faillis; je faudrai.

FRIRE, frit; je fris, fris, frit; je frirai; je frirais.

FUIR, fuyant; fui; je fuis, fuis, fuit, fuyons, fuyez, fuient; je fuyais; je fuis; je fuirai; que je fuie; je fuirais; que je fuisse.

HAÏR, haïssant; haï; je hais,

hais, hait, haïssons, haïssez, haïssent; je haïssais; je haïrai; que je haïsse; je haïrais.

LIRE, lisant; lu; je lis, lis, lit, lisons, lisez, lisent; je lisais; je lus; je lirai; que je lise; je lirais; que je lusse.

MAUDIRE, maudissant; maudit; je maudis, dis, dit, dissons, dissez, dissent; je maudissais, je maudis, je maudirai; que je maudisse; je maudirais; que je maudisse.

MOUDRE, moulant; moulu; je mouds, mouds, moud, moulons, moulez, moulent; je moulais; je moulus; je moudrai; que je moule je moudrais; que je moulusse.

MOURIR, mourant; mort; je meurs, meurs, meurt, mourons, mourez, meurent; je mourais; je mourus; je mourrai; que je meure; je mourrais; que je mourusse.

MOUVOIR, mouvant; mu; je meus, meus, meut, mouvons, mouvez, meuvent; je mouvais; je mus; je mouvrai; que je meuve; je mouvrais; que je musse.

NAÎTRE, naissant; né; je nais, nais, nait, naissons, naissez, naissent; je naissais; je naquis; je naîtrai; que je naisse; je naîtrais; que je naquisse.

OUIR, ouï; j'ois, ois, oit, oyons, oyez, oient; j'oyais; j'ouïs; j'oirai; que j'oie ou oye; j'oirais; que j'ouïsse.

PAÎTRE, paissant; pu; je pais, pais, pait, paissons, paissez, paissent; je paissais; je paîtrai; que je paisse; je paîtrais.

PLAIRE, plaisant; plu; je plais, plais, plaît, plaisons, plaisez, plaisent; je plaisais; je plus; je plairai; que je plaise; je plairais; que je plusse.

PLEUVOIR, plu; il pleut; il pleuvait; il plut; il pleuvra; qu'il pleuve; il pleuvrait, qu'il plût. On dit, les biens, les honneurs lui pleuvent.

POINDRE, (piquer) poignant; poindra; poignez.

POINDRE (commencer à paraître), usité à l'infinitif seulement.

POURVOIR, pourvoyant; pourvu; je pourvois, ois, oit, oyons, oyez, oient; je pourvoyais; je pourvus; je pourvoirai; que je pourvoie; je pourvoirais; que je pourvusse.

POUVOIR, pouvant; pu; je puis ou je peux, peux, peut, pouvons, pouvez, peuvent; je pouvais; je pus; je pourrai; que je puisse; je pourrais; je pusse.

PRÉVALOIR, prévalant; prévalu; je prévaux, aux, aut, alons, alez, alent; je prévalais; je prévalus; je prévaudrai: que je prévale; je prévaudrais; que je prévalusse.

PRÉVOIR, prévoyant; prévu; je prévois, ois, oit, oyons, oyez, oient; je prévoyais; je prévis; je prévoirai; que je prévoie; je prévoirais; que je prévisse.

PROMOUVOIR, promu.

QUÉRIR, usité seulement à l'infinitif.

RÉSOUDRE, résolvant, résolu; je résous, ous, out, olvons, olvez, olvent; je résolvais; je résolus; je résoudrai; que je résolve; je résoudrais; que je résolusse.

RIRE, riant; ri; je ris, ris, rit, rions, riez, rient; je riais; je ris; je rirai; que je rie; je rirais; que je risse.

SAILLIR (déborder), saillant, il saille; saillait; saillera; saillerait.

SAILLIR (monter) est régulier.

SAVOIR, sachant, su; je sais, sais, sait, savons, savez, savent; je savais; je sus; je saurai; sache, qu'il sache, sachons, sachez, qu'ils sachent; que je sache; je saurais; que je susse.

SEOIR, (être convenable) il sied, siéent; il seyait, seyaient; il siéra, siéront; il siérait, siéraient.

SEOIR, (être assis) séant, sis, sise.

SOURDRE, il sourd.

SUFFIRE, suffisant; suffi; je suffis, is, it, isons, isez, isent; je suffisais; je suffis; je suffirai; que je suffise; je suffirais; que je suffisse.

SUIVRE, suivant; suivi; je suis, suis, suit, suivons, suivez, suivent; je suivais; je suivis; je suivrai; que je suive; je suivrais; que je suivisse.

SURGIR, il surgit.

SURSEOIR, sursoyant; sursis; je sursois, sois, soit, soyons, soyez, soient; je sursoyais; je sursis; je surseoirai; je sursoierais; que je sursisse.

TISSER, tissu, régulier aux autres temps.

TRAIRE, trayant; trait; je trais, trais, trait, trayons, trayez, traient; je trayais; je trairai; que je traie; je trairais.

TRESSAILLIR, tressaillant; tressailli; je tressaille, lles, lle, llons, llez, llent; je tressaillais; je tressaillis; je tressaillirai; que je tressaille; je tressaillirais; que je tressaillisse.

VAINCRE, vainquant; vaincu; je vaincs, vaincs, vainc, vainquons, vainquez, vainquent; je vainquais; je vainquis; je vaincrai; que je vainque; je vaincrais; que je vainquisse.

VALOIR, valant; valu; je vaux, vaux, vaut, valons, valez, valent; je valais; je valus; je vaudrai; que je vaille; je vaudrais; que je valusse.

VÊTIR, vêtant; vêtu; je vêts, vêts, vêt, vêtons, vêtez, vêtent; je vêtais; je vêtis; je vêtirai; que je vête; je vêtirais; que je vêtisse.

VIVRE, vivant; vécu; je vis, vis, vit, vivons, vivez, vivent; je vivais; je vécus; je vivrai; que je vive; je vivrais; que je vécusse.

VOIR, voyant : vu; je vois, vois, voit, voyons, voyez, voient; je voyais; je vis; je verrai; que je voie, voies, voyions; voient; je verrais; que je visse.

VOULOIR, voulant; voulu; je veux, veux, veut, voulons, voulez, veulent; je voulais; je voulus; je voudrai; que je veuille; je voudrais; que je voulusse.

DIVISION X

GÉOGRAPHIE DE LA FRANCE.

La France est située entre les 43e et 51e degrés.

Elle est bornée au Nord, par la Manche et la Belgique; à l'est, par le Rhin, la Suisse et l'Italie; au sud, par la mer Méditerranée et les Pyrénées; à l'ouest, par l'Océan Atlantique.

MONTAGNES.

Les principales chaînes de montagnes de la France, sont : au nord-ouest, les Ardennes ; à l'est, les Vosges, le Jura, les Alpes ; au centre, les Cévennes, qui vont du S.-S.-O. au N.-N.-E.; au sud, les Pyrénées.

1° Les Ardennes,

2° Les Vosges, et un de leurs sommets, la Côte d'Or,

3° Le Jura,

4° Les Alpes et les montagnes de la Savoie,

5° Les Cévennes, dont on remarque les sommets : la Lozère, le Plomb du Cantal, le Puy-de-Dôme,

6° Les Pyrénées

donnent leurs noms aux départements suivants:

Des Ardennes, des Vosges, du Jura, des Hautes-Alpes, des Basses-Alpes, des Alpes-Maritimes, de la Savoie, de la Haute-Savoie, de la Lozère, du Cantal, du Puy-de-Dôme, des Hautes-Pyrénées, des Basses-Pyrénées, des Pyrénées-Orientales.

DIVISION TOPOGRAPHIQUE ET DÉPARTEMENTALE.

La France se divise topographiquement en *cinq* grands bassins dans lesquels coulent les grands fleuves qui la sillonnent et qui ont, avec leurs affluents, donné leurs noms à divers départements, ou divisions administratives, dont le nombre est de *quatre-vingt-neuf*, lesquels sont subdivisés en Préfectures et Sous-Préfectures :

1° Le bassin du Rhin ; 2° le bassin de la Seine ; 3° le bassin de la Loire ; 4° le bassin du Rhône ; 5° le bassin de la Garonne.

Bassin du Rhin.

Le bassin du Rhin est borné, au nord, par la Belgique et la Prusse ; à l'est, par la Prusse ; au sud, par le bassin de la Seine ; à l'ouest, par la Manche.

Les principales rivières qui arrosent ce bassin, sont :

I. Le Rhin, qui prend sa source en Suisse, forme une partie de la frontière orientale de la France, qu'il quitte pour aller ensuite se jeter dans la mer du Nord ; il reçoit l'Ill sur sa rive gauche ;

2. La Moselle qui prend sa source dans les Vosges et qui elle-même reçoit la Meurthe ;

3. La Meuse, qui prend sa source dans le plateau de Langres (département de la Haute-Marne), va se jeter dans la mer du Nord après avoir reçu la Sambre ;

4. L'Escaut, qui prend sa source dans le département de l'Aisne, se jette dans la mer du Nord ;

5. La Somme, qui prend sa source dans le département de l'Aisne, se jette dans la Manche.

Le Rhin, la Moselle, la Meurthe, la Somme donnent leurs noms aux départements qu'ils traversent.

Le bassin du Rhin renferme 10 départements.

HAUT-RHIN. — *Préf.* : Colmar. — *S.-préf.* : Altkirch, Béfort.

BAS-RHIN. — *Préf.* : Strasbourg. — *S.-préf.* : Saverne, Schelestadt, Vissembourg.

VOSGES. — *Préf.* : Épinal. — *S.-préf.* : Mirecourt, Neufchâteau, Remiremont, Saint-Dié.

MEURTHE. — *Préf.* : Nancy. — *S.-préf.* : Château-Salins, Lunéville, Sarrebourg, Toul.

MOSELLE. — *Préf.* : Metz. — *S.-préf.* : Thionville, Briey, Sarreguemines.

MEUSE. — *Préf.* : Bar-le-Duc.

— *S.-préf.* : Commercy, Montmédy, Verdun.

ARDENNES. — *Préf.* : Mézières. — *S.-préf.* : Rethel, Rocroy, Sédan, Vouziers.

NORD. — *Préf.* : Lille. — *S.-préf.* : Douai, Dunkerque, Hazebrouck, Avesnes, Cambrai, Valenciennes.

PAS-DE-CALAIS. — *Préf.* : Arras. — *S.-préf.* : Béthune, Saint-Omer, Saint-Pol, Boulogne, Montreuil.

SOMME. — *Préf.* : Amiens. — *S.-préf.* : Doullens, Montdidier, Péronne, Abbeville.

Bassin de la Seine.

Le bassin de la Seine est borné, au nord et à l'est, par le bassin du Rhin ; au sud, par le bassin de la Loire ; et, à l'ouest, par la Manche.

Les principaux cours d'eau qui arrosent ce bassin, sont :

1. La Seine qui prend sa source au centre du département de la Côte-d'Or, reçoit sur sa rive droite l'Aube, la Marne,

8

l'Oise, l'Aisne ; sur sa rive gauche, l'Yonne, l'Eure ; puis va se jeter dans la Manche ;

2. L'Orne naît dans le département qui porte son nom, et va se jeter dans la Manche.

Le bassin de la Seine comprend 16 départements.

CÔTE-D'OR. — *Préf.* : Dijon. *S.-préf.* : Beaune, Chatillon-sur-Seine, Semur.

YONNE. — *Préf.* : Auxerre. — *S.-préf.* : Avallon, Joigny, Sens, Tonnerre.

HAUTE-MARNE.—*Préf.*:Chaumont. — *S.-préf.* : Langres, Vassy.

MARNE. — *Préf.* : Châlons-sur-Marne.—*S.-préf.*:Epernay, Reims, Sainte-Menehould, Vitry-le-François.

AUBE. — *Préf.* : Troyes. — *S.-préf.* : Arcis-sur-Aube, Nogent-sur-Seine, Bar-sur-Aube, Bar-sur-Seine.

SEINE-ET-MARNE.—*Préf.*:Melun.—*S.-préf.*:Fontainebleau, Meaux, Coulommiers, Provins.

AISNE. — *Préf.* : Laon. — *S.-préf.* : Soissons, Saint-Quentin, Vervins, Château-Thierry.

OISE. — *Préf.* : Beauvais. — *S.-préf.*:Clermont, Compiègne, Senlis.

SEINE-ET-OISE. — *Préf.* : Versailles. — *S.-préf.* : Mantes, Rambouillet, Corbeil, Pontoise, Étampes.

SEINE. — *Préf.* : Paris. — *S.-préf.* : Saint-Denis, Sceaux.

EURE-ET-LOIR.—*Préf.*:Chartres. — *S.-préf.* : Châteaudun, Dreux, Nogent-le-Rotrou.

EURE. — *Préf.* : Évreux. — *S.-préf.* : Louviers, les Andelys, Bernay, Pont-Audemer.

SEINE-INFÉRIEURE. — *Préf.* : Rouen. — *S.-préf.* : Dieppe, le Havre, Yvetot, Neufchatel.

CALVADOS. — *Préf.* : Caen, — *S.-préf.* : Falaise, Bayeux, Vire, Lisieux, Pont-l'Évêque.

ORNE. — *Préf.* : Alençon. — *S.-préf.* : Argentan, Domfront, Mortagne.

MANCHE. — *Préf.* : Saint-Lô. — *S.-Préf.* : Coutances, Valognes, Cherbourg, Avranches, Mortain.

Bassin de la Loire.

Le bassin de la Loire est borné au nord par le bassin de la Seine; à l'est, par celui du Rhône; au sud, par celui de la Garonne; à l'ouest par l'Océan.

Les principaux cours d'eau qui arrosent ce bassin sont :

GÉOGRAPHIE DE LA FRANCE

1. La Loire, qui prend sa source dans les Cévennes, reçoit sur sa rive droite la Nièvre, la Maine formée par la réunion de la Mayenne et de la Sarthe, grossie du Loir; sur sa rive gauche, l'Allier, le Cher, l'Indre, la Vienne grossie de la Creuse, la Sèvre Nantaise.

2. La Vilaine.

3. L'Ille.

4. La Sèvre-Niortaise.

Ces quatre rivières vont se jeter dans l'Océan.

Le bassin de la Loire renferme 20 départements.

HAUTE-LOIRE. — *Préf.* : Le Puy. — *S.-préf.* : Issengeaux, Brioude.

LOIRE. — *Préf.* : Saint-Étienne. — *S.-préf.* : Roanne, Montbrison.

ALLIER. — *Préf.* : Moulins. — *S.-préf.* : Gannat, La Palisse, Montluçon.

NIÈVRE. — *Préf.* : Nevers. — *S.-préf.* : Château-Chinon, Clamecy, Cosne.

CHER. — *Préf.* : Bourges. — *S.-préf.* : Sancerre, Saint-Amand.

LOIRET. — *Préf.* : Orléans. — *S.-préf.* : Pithiviers, Gien, Montargis.

LOIR-ET-CHER. — *Préf.* : Blois. — *S.-préf.* : Romorantin, Vendôme.

INDRE. — *Préf.* : Châteauroux. — *S.-préf.* : Le Blanc, Issoudun, La Châtre.

INDRE-ET-LOIRE. — *Préf.* : Tours. — *S.-préf.* : Chinon, Loches.

VIENNE. — *Préf.* : Poitiers. — *S.-préf.* : Châtellerault, Civray, Loudun, Montmorillon.

DEUX-SÈVRES. — *Préf.* : Niort. — *S.-préf.* : Bressuire, Melle, Parthenay.

MAINE-ET-LOIRE. — *Préf.* : Angers. — *S.-préf.* : Baugé, Segré, Baupréau, Saumur.

SARTHE. — *Préf.* : Le Mans. — *S.-préf.* : Mamers, Saint-Calais, la Flèche.

MAYENNE. — *Préf.* : Laval. — *S.-préf.* : Mayenne, Château-Gonthier.

ILLE-ET-VILAINE. — *Préf.* : Rennes. — *S.-préf.* : Fougères, Montfort, Saint-Malo, Vitré, Redon.

LOIRE-INFÉRIEURE. — *Préf.* : Nantes. — *S.-préf.* : Ancenis, Châteaubriand, Paimbœuf, Savenay.

VENDÉE. — *Préf.* : Napoléon-Vendée. — *S.-préf.* : Fontenay, les Sables-d'Olonne.

MORBIHAN. — *Préf.* : Vannes. — *S.-préf.* : Napoléonville, Lorient, Ploërmel.

CÔTES-DU-NORD.—*Préf.*:Saint-Brieuc.—*S.-préf.*:Dinan, Loudéac, Lannion, Guingamp.

FINISTÈRE.—*Préf.*:Quimper. — *S.-préf.* : Brest, Châteaulin, Morlaix, Quimperlé.

Bassin de la Garonne.

Le bassin de la Garonne est borné au nord par le bassin de la Loire; à l'est, par ceux de la Loire et du Rhône; au sud par les Pyrénées; à l'ouest par l'Océan.

Les principaux cours d'eau qui arrosent ce bassin sont :

1. La Garonne, qui prend sa source dans les Pyrénées, reçoit sur sa rive droite l'Ariége, le Tarn grossi de l'Aveyron, le Lot, la Dordogne grossie de la Vézère augmentée de la Corrèze; sur sa rive gauche, le Gers.

La Garonne change de nom à Bordeaux et s'appelle Gironde jusqu'à la mer.

2. La Charente.

Ces deux rivières vont se jeter dans l'Océan.

Le bassin de la Garonne comprend vingt-trois départements.

BASSES-PYRÉNÉES. — *Préf.* : Pau.—*S.-préf.*:Oloron, Orthez, Bayonne, Mauléon.

HAUTES-PYRÉNÉES. — *Préf.* : Tarbes. — *S.-préf.* : Argelès, Bagnères.

PYRÉNÉES-ORIENTALES.—*Préf.*: Perpignan. — *S.-préf.* : Céret, Prades.

AUDE. — *Préf.* : Carcassonne. —*S.-préf.*:Limoux, Narbonne, Castelnaudary.

ARIÉGE. — *Préf.* : Foix. — *S.-préf.*:Pamiers, Saint-Girons.

HAUTE-GARONNE.—*Préf.*:Toulouse.—*S.-préf.*:Villefranche, Muret, Saint-Gaudens.

GERS. — *Préf.* : Auch. — *S.-préf.* : Lectoure, Mirande, Condom, Lombez.

TARN. — *Préf.* : Alby. — *S.-préf.* : Castres, Gaillac, Lavaur.

TARN-ET-GARONNE. — *Préf.* : Montauban. — *S.-préf.* : Moissac, Castel-Sarrazin.

AVEYRON. — *Préf.* : Rhodez. — *S.-préf.* : Espalion, Milhau, Saint-Affrique, Villefranche.

LOT. — *Préf.* : Cahors. — *S.-préf.* : Figeac, Gourdon.

LOT-ET-GARONNE. — *Préf.* : Agen. — *S.-préf.* : Marmande, Villeneuve-d'Agen, Nérac.

DORDOGNE. — *Préf.* : Périgueux. *S.-préf.* : Bergerac, Nontron, Ribérac, Sarlat.

CORRÈZE. — *Préf.* : Tulle. — *S.-Préf.* : Brives, Ussel.

CREUSE. — *Préf.* : Guéret.

S.-Préf. : Aubusson, Bourga-neuf, Boussac.

HAUTE-VIENNE. — Préf. : Li-moges. —S.-Préf. Saint-Yrieix, Bellac, Rochechouart.

CHARENTE. — Préf. : Angou-lême. S.-Préf. : — Cognac, Ruffec, Barbezieux. Confolens.

CHARENTE - INFÉRIEURE . — Préf. : La Rochelle.—S.-préf.: Rochefort, Marennes, Sain-tes, Jonzac, Saint-Jean-d'An-gely.

GIRONDE.—Préf. : Bordeaux.

— S.-préf. : Blaye, Lesparre, Libourne, Bazas, La Réole.

LANDES. — Préf. : Mont-de-Marsan. — S.-préf. : Saint-Sé-ver, Dax.

LOZÈRE. — Préf. : Mende. — S.-préf. Florac, Marvejols.

CANTAL. — Préf. : Aurillac. — S.-préf. : Mauriac, Murat, Saint-Flour.

PUY-DE-DÔME. — Préf. : Clermont. — S.-préf. : Ambert, Issoire, Riom, Thiers.

Bassin du Rhône.

Le bassin du Rhône est borné au nord par les bassins de la Seine et du Rhin ; à l'est, par la Suisse et le royaume d'Italie ; au sud, par la mer Méditerranée, et à l'ouest, par les bassins de la Garonne et de la Loire.

Les principaux cours d'eau de ce bassin sont :

1. Le Rhône, qui prend sa source en Suisse, reçoit sur sa rive droite l'Ain, la Saône grossie du Doubs, l'Ardèche, le Gard ; sur sa rive gauche, l'Isère, la Drôme, la Sorgue formée par la fontaine de Vaucluse, la Durance va se jeter dans la mer Méditerranée.

2. L'Aude.

3. L'Hérault.

Ces deux rivières se jettent dans le golfe de Lyon.

4. Le Var qui se jette dans la Méditerranée.

Le bassin du Rhône renferme 20 départements.

HAUTE-SAÔNE. — Préf. : Ve-soul. — S.-préf. : Gray, Lure.

DOUBS. — Préf. : Besançon. —S.-préf. : Pontarlier, Baume, Montbéliard.

JURA. — Préf. : Lons-le-Saulnier. — S.-préf. : Poligny, Saint-Claude, Dôle.

SAÔNE-ET-LOIRE. — Préf. : Mâcon. — S.-préf. : Autun, Charolles, Châlons-sur-Saône, Louhans.

RHÔNE. — *Préf.* : Lyon. — *S.-préf.* : Villefranche.

AIN. — *Préf.* : Bourg. — *S.-préf.* : Belley, Nantua, Trévoux, Gex.

HAUTE-SAVOIE. — *Préf.* : Annecy. — *S.-préf.* : Bonneville, Saint-Julien, Thonon.

SAVOIE. — *Préf.* : Chambéry. — *S.-préf.* : Albertville, Moûtiers , Saint-Jean-de-Maurienne.

ISÈRE. — *Préf.* : — Grenoble. — *S.-préf.* : La Tour du Pin, Saint-Marcellin, Vienne.

ARDÈCHE. — *Préf.* : Privas. — *S.-préf.* : Largentières , Tournon.

DRÔME. — *Préf.* : Valence. — *S.-préf.* : Montélimart, Die, Nyons.

HAUTES-ALPES.—*Préf.* : Gap. — *S.-préf.* : Briançon, Embrun.

BASSES-ALPES. — *Préf.* : Digne. — *S.-préf.* : Barcelonnette, Castellane, Forcalquier, Sisteron.

ALPES-MARITIMES. — *Préf.* : Nice. — *S.-préf.* : Grasse, Puget-Théniers.

VAUCLUSE.—*Préf.* : Avignon. — *S.-préf.* : Carpentras, Apt, Orange.

GARD. — *Préf.* : Nîmes. — *S.-préf.* : Alais, Uzès, Le Vigan.

HÉRAULT. — *Préf.* : Montpellier. — *S.-préf.* : Béziers, Lodève, Saint-Pons.

BOUCHES-DU-RHÔNE. — *Préf.* : Marseille. — *S.-préf.* : Aix, Arles.

VAR. — *Préf.* : Draguignan. — *S.-préf.* : Brignoles , Toulon.

CORSE. — *Préf.* : Ajaccio.— *S.-préf.* : Sartène, Bastia, Calvi Corte.

COLONIES FRANÇAISES.

Les Colonies françaises sont :

En ASIE. *Inde :* Pondichéry, chef-lieu des établissements, Chandernagor, Karikal, Mahé.

En AFRIQUE. *Algérie :* Alger, Oran, Constantine, Bone, Blidah.

             Sénégambie : Saint-Louis, Bakel , Arguin , Gorée.

             Ile Bourbon : Sainte-Marie.

En AMÉRIQUE. *La Martinique :* chefs-lieux, Fort-Royal, Saint-Pierre-le-Marin.

             La Guadeloupe : chef-lieux, la Trinité, la Pointe-à-Pitre, la Basse-Terre.

             La Guyane : Cayenne.

             Saint-Pierre et Miquelon.

DIVISION XI

MESURES DU SYSTÈME DÉCIMAL

UNITÉS DÉCIMALES, LEURS MULTIPLES ET SOUS-MULTIPLES

Mesures linéaires et itinéraires.

MÈTRE. — *Unité* fondamentale des poids et mesures ; est la dix-millionième partie du quart du méridien terrestre.

Multiples : — Myriamètre = 10,000 mètres ; — Kilomètre = 1,000 mètres ; — Hectomètre = 100 mètres ; — Décamètre = 10 mètres.

Sous-multiples : — Décimètre = 10me partie du mètre ; — Centimètre = 100me partie du mètre ; — Millimètre = 1000me partie du mètre.

Mesures agraires.

ARE. — *Unité*, carré de 10 mètres de côté ou 100 mètres carrés.

Multiple : — Hectare = 100 ares.

Sous-multiple : — Centiare = 100me partie d'un are ou 1 mètre carré.

Mesures de solidité.

STÈRE. — *Unité*, 1 mètre cube.

Multiple : — Décastère = 10 stères.

Sous-multiples : — Décistère = 10me partie du stère ; — Centistère = 100me partie du stère.

Mesures de pesanteur.

GRAMME. — *Unité*, est le poids de 1 centimètre cube d'eau distillée.
Multiples : — Myriagramme = 10,000 grammes ; — Kilogramme = 1,000 grammes ; — Hectogramme = 100 grammes ; — Décagramme = 10 grammes.
Sous-multiples : — Décigramme = 10me partie du gramme ; — Centigramme = 100me partie du gramme ; — Milligramme = 1000me partie du gramme.

Mesures de capacité.

LITRE. — *Unité*, est 1 décimètre cube.
Multiples : — Hectolitre = 100 litres ; — Décalitre = 10 litres.
Sous-multiples : — Décilitre = 10me partie du litre ; — Centilitre = 100me partie du litre.

Typographie ERNEST MEYER, 22, rue de Verneuil, à Paris.

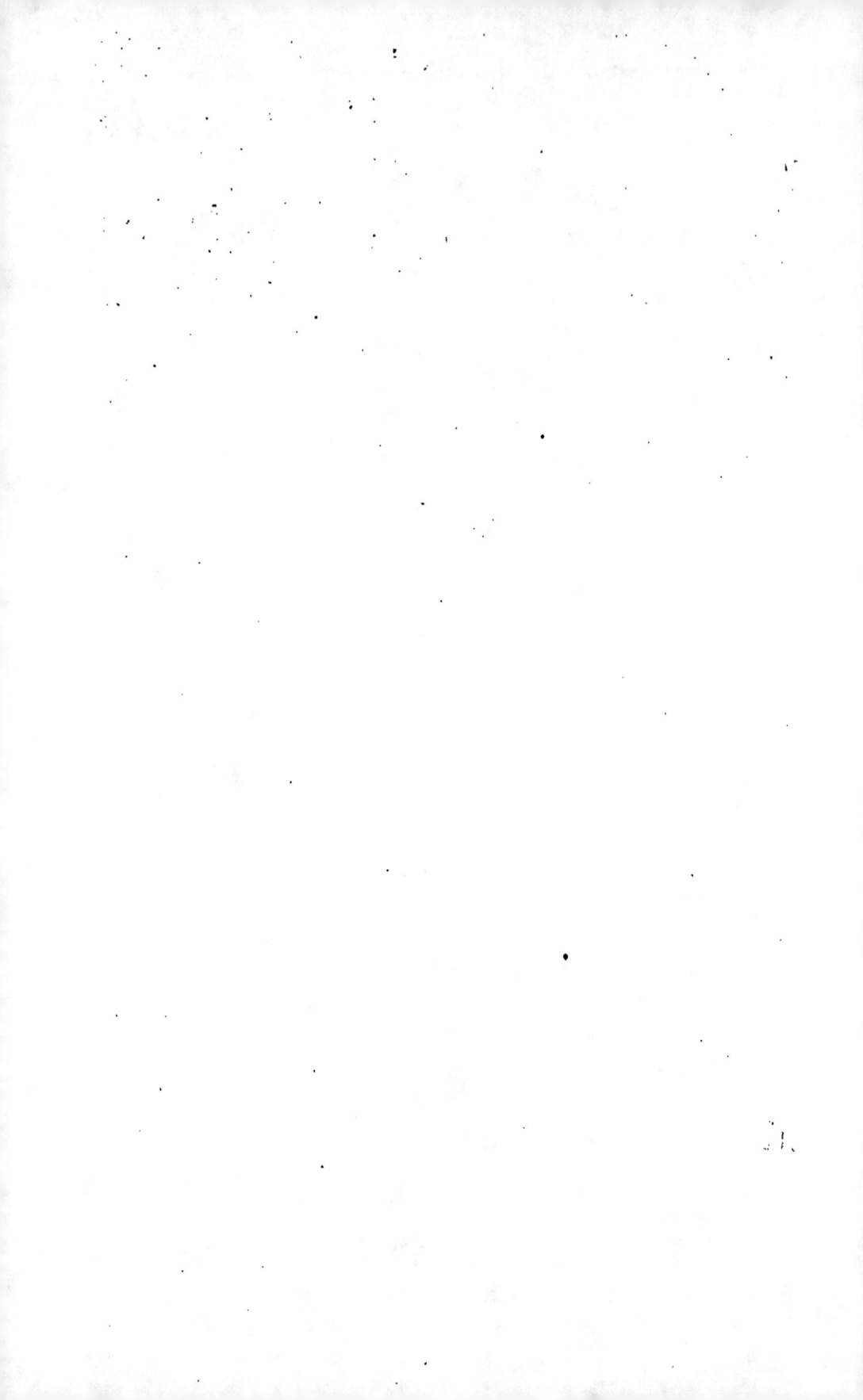

A LA MÊME LIBRAIRIE

Cours de dictées suivi d'exercices de style et de modèles d'actes, par plusieurs instituteurs. 1 vol. in-12 cart. . . . . 2 fr. »

Dictées ou Exercices d'orthographe usuelle, renfermant des Règles faciles sur les différentes manières d'écrire les sons, sûr les familles des mots, sur les lettres initiales, médiales et finales qu'on ne prononce pas, et sur le redoublement des consonnes, suivies d'un Recueil d'homonymes avec l'application en regard, par A. Deville, revu et modifié par S. Picard, élèves de l'abbé Gaultier. 1 vol. in–18 cart. . . . . 1 fr. 50 c.

Dictées françaises faites à l'hôtel-de-ville, pour le premier examen, recueillies par Mme C. B., institutrice, première année, 1 vol. in-12, br. . . . . 1 fr. 50 c.
— Les mêmes, deuxième année. 1 vol. in-12, br. . . . 1 fr. 50 c.
— Les mêmes, troisième année. 1 vol. in-12, br. . . 1 fr. 50 c.
— Les mêmes, quatrième année. 1 vol. in-12, br. . . 1 fr. 50 c.
— Les mêmes, cinquième année. 1 vol. in-12, br. . . 1 fr. 50 c.
— Les mêmes, sixième année. 1 vol. in-12, br. . . . . 1 fr. 50 c.

Dictées de grammaire, par Mme Debierne. 1 vol. in-12, broché. . . . . 1 fr. 50 c.

Dictées pour les jeunes filles de 8 à 12 ans, par Mme C. B., institutrice, déjà connue par son recueil des dictées de l'hôtel-de-ville. 1 vol. in-12, br. 1 fr. 50 c.

Recueil de dictées d'orthographe à l'usage des aspirants et des aspirantes au brevet de capacité pour l'instruction primaire et les divisions supérieures des écoles primaires, par A. Marie Cardine, directeur de l'école mutuelle de Caen. 1 vol. in-12, cart. . . . . 1 fr. 50 c.

TYP. ERNEST MEYER, RUE DE VERNEUIL, 22, A PARIS.

www.ingramcontent.com/pod-product-compliance
Lightning Source LLC
Chambersburg PA
CBHW070803290326
41931CB00011BA/2121